1학년이 가장 궁금한 과학

그림으로 이해하는

글 야마우치스스무 그림 다카이요시카즈 외

들어가는 말

우리 주변에는 신비하고 놀라운 일들이 가득해요.
하늘 저편에는 무엇이 있을까요?
우리 몸은 무엇으로 이루어져 있을까요?
사람은 어떻게 태어나는 걸까요?
이 세상은 온통 궁금한 것투성이지요.
'왜?' '어째서?' 하면서 호기심을 갖는 것은
과학자에게도 매우 중요한 일이에요.
우리가 보고, 듣고, 조사하는 것을
과학자들은 '관찰하다'라는 말로 표현해요.
노트 같은 데 적는 것은 '기록하다'라고 표현하지요.
어떤 것을 크기나 모양, 색깔로 나누는 것은 '분류하다',
빠르기나 크기 등을 서로 견주어 보는 것은
'비교하다'라고 해요.

말만 다를 뿐 사실은 여러분도 이미
일상생활 속에서 과학자와 같은 활동을 하고 있어요.
'왜 이런 일이 일어나는 걸까?'
'조사해 봐야지!'
궁금한 데서 그치지 않고 사물이나 현상에 대한 이유를
알아보려는 마음을 가지면 언젠가 여러분의 손으로
우주의 신비한 수수께끼를 풀게 될 날이 올지도 몰라요.
우리는 모두 과학자의 알을 품은 사람들이니까요.

감수자, 미마 노유리

차례

음식에 관한 과학 상식 • 아하, 그렇구나!

바나나에는 왜 씨가 없을까? ···················· 12
사이다를 따르면 왜 거품이 날까? ············· 14
푸딩은 어떻게 만들까? ····························· 16
[여러 가지 모양의 수박] ··························· 18
생크림은 왜 폭신폭신할까? ······················ 20
죽순은 어떻게 자랄까? ···························· 22
배는 왜 아삭아삭 씹힐까? ························ 24
음식은 왜 냉장고에 보관할까? ················· 26
빵이 타면 왜 검게 변할까? ······················· 28
팬케이크에는 왜 구멍이 있을까? ·············· 30
젖소는 얼마나 많은 우유를 만들까? ········· 32

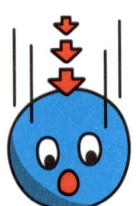

일상생활에 관한 과학 상식 • 아하, 그렇구나!

공은 왜 통통 튀어 오를까? ······················· 36
친구가 많이 생기면 왜 즐거울까? ············ 38
비눗방울은 왜 둥근 모양일까? ················· 40
[아주 커다란 비눗방울 만들기] ················ 42
풍선은 왜 하늘에 두둥실 뜰까? ················ 44
빨래는 어떻게 마를까? ···························· 46
연필로 어떻게 글씨를 쓸까? ···················· 48
먼지는 왜 쌓이는 걸까? ··························· 50
스웨터를 벗을 때 왜 탁탁 소리가 날까? ···· 52
전철은 어떻게 움직일까? ························· 54

동물에 관한 과학 상식·아하, 그렇구나!

코끼리는 왜 코가 길까? ……………………………… 58
매미는 왜 울까? ………………………………………… 60
장수풍뎅이는 왜 힘이 셀까? ………………………… 62
오리너구리는 왜 신기한 동물일까? ………………… 64
개의 몸은 왜 따뜻할까? ……………………………… 66
지렁이는 땅속에서 어떻게 살까? …………………… 68
겨울에 잠을 자는 동물은 누굴까? …………………… 70
가장 빠른 동물은 누굴까? …………………………… 72
물고기는 왜 비늘로 덮여 있을까? …………………… 74
아홀로틀은 어떤 생물일까? ………………………… 76
해파리는 어떻게 번식할까? ………………………… 78
고래는 무엇을 먹고 살까? …………………………… 80
애벌레는 어떻게 나비가 될까? ……………………… 82
〔신기하고 놀라운 애벌레〕 …………………………… 84
어떤 공룡이 가장 클까? ……………………………… 86
어떤 공룡이 힘이 셌을까? …………………………… 88
타조 알은 얼마나 무거울까? ………………………… 90

식물에 관한 과학 상식 • 아하, 그렇구나!

잡초는 왜 계속 자랄까? ···················· 94
꽃은 왜 필까? ···················· 96
[놀라운 꽃의 세계] ···················· 98
나무는 어떻게 자랄까? ···················· 100
[도토리 종류가 이렇게 많구나!] ···················· 102
선인장에는 왜 가시가 있을까? ···················· 104
꽃은 왜 결국 시들까? ···················· 106

우리 몸에 관한 과학 상식 • 아하, 그렇구나!

이는 왜 새로 날까? ···················· 110
딱지는 왜 생길까? ···················· 112
채소를 안 먹으면 어떻게 될까? ···················· 114
잠잘 때 왜 코를 골까? ···················· 116
똥에서는 왜 고약한 냄새가 날까? ···················· 118
오줌은 왜 노란색일까? ···················· 120
[몸으로 놀자!] ···················· 122
어떻게 눈으로 볼 수 있을까? ···················· 124
[눈이 일으키는 착각] ···················· 126
밤이 되면 왜 잠이 올까? ···················· 130
슬플 때는 왜 눈물이 날까? ···················· 132
예방 주사는 왜 맞을까? ···················· 134
모기에 물리면 왜 가려울까? ···················· 136
어떻게 하면 줄넘기를 잘할까? ···················· 138
버릇은 왜 생길까? ···················· 140
재채기는 왜 날까? ···················· 142

자연에 관한 과학 상식 • 아하, 그렇구나!

구름 위에 탈 수 있을까? ……………………… 146
비는 어떻게 내릴까? …………………………… 148
밤이 되면 왜 캄캄해질까? …………………… 150
보석이란 뭘까? ………………………………… 152
별은 정말 별 모양일까? ……………………… 154
세계 최고는 어디일까? ………………………… 156
구름은 어떻게 움직일까? ……………………… 160
〔다양한 모양의 구름〕 ………………………… 162
암석은 어떻게 만들어질까? …………………… 164
〔눈이 휘둥그레지는 희귀한 암석들〕 ………… 166
바다는 어떻게 만들어졌을까? ………………… 168
공기는 왜 안 보일까? ………………………… 172

부모님께 ………………………………………… 174

음식에 관한 과학 상식

아하, 그렇구나!

음식에 관한 과학 상식

바나나에는 왜 씨가 없을까?

우연히 씨 없는 바나나를 발견해서 잘 키웠어요.

씨가 없어 먹기 편하고 맛도 좋아!

바나나에는 원래 씨가 있었어요. 그런데 우연히 발견한 씨 없는 바나나가 정말 맛있었던 거예요. 그때부터 사람들은 씨 없는 바나나를 소중히 키우기 시작했고, 지금 우리가 먹는 바나나에도 씨가 없어요.

자세히 보면 가운데 씨 흔적이 있어.

지금도 씨가 있는 바나나를 먹는 나라가 있어.

❗ 원숭이 6마리를 찾아보세요.

음식에 관한 과학 상식

사이다를 따르면 왜 거품이 날까?

사이다 속에 녹아 있는 이산화 탄소 때문이에요.

사이다 같은 탄산음료에는 '이산화 탄소'가 들어 있어요. 뚜껑을 열면 탄산음료에 녹아 있던 이산화 탄소가 밖으로 쏟아져 나오는데, 이때 거품이 생겨요.

사이다에 녹아 있는 이산화 탄소

음식에 관한 과학 상식

푸딩은 어떻게 만들까?

단백질이 굳는 성질을 이용해 만들어요.

1. 달걀과 설탕, 우유 등을 잘 섞어요.

달걀은 단백질로 이루어져 있어서 데우면 굳어요.

2. 따뜻하게 데우면 단백질이 굳기 시작해요.

단백질

푸딩은 달걀에 설탕과 우유 등을 넣어서 만들어요. 달걀과 우유에 들어 있는 단백질은 따뜻하게 데우면 굳는 성질이 있어요. 이때 단백질이 우유의 수분을 빨아들이면서 굳기 때문에 푸딩이 탱글탱글해져요.

3 단백질이 완전히 굳으면 푸딩 완성!

여러 가지 모양의 수박

여름에 많이 먹는 수박은 달고 시원한 과일이에요. 보통은 모양이 둥글어요. 껍질은 초록색 바탕에 짙은 줄무늬가 있고 속은 빨갛지요. 그런데 생김새가 조금 다른 수박도 있어요.

아주 길～어!

모두 사이좋게 나눠 먹자.

길쭉한 수박
보통 우리가 먹는 수박은 동그란데, 외국에는 길쭉한 수박도 있어요.

씨 없는 수박
씨가 없어서 먹기가 아주 편해요.

황금수박
껍질은 노란색인데 속은 빨개요.

망고수박
껍질은 진한 초록색이고 속은 노란색이에요.

네모난 수박
열매가 자라기 시작할 때 네모난 틀을 씌우면 네모난 수박이 만들어져요.

음식에 관한 과학 상식

생크림은 왜 폭신폭신할까?

안에 공기 거품이 많이 들어 있기 때문이에요.

거품이 만들어지는 과정

생크림 원료
유지방

① 생크림 원료에는 유지방이 가득해요.

② 잘 섞으면 공기 거품이 생겨요.

③ 유지방이 공기 거품을 감싸요.

생크림의 원료에는 유지방이 많이 들어 있어요.
원료를 휘저으면 공기가 들어가 거품이 생기는데,
이 공기 거품을 유지방이 감싸요. 유지방에 둘러싸인
거품이 많을수록 생크림이 폭신폭신해져요.

음식에 관한 과학 상식

죽순은 어떻게 자랄까?

땅속에 줄기를 뻗으면서 자라나요.

대나무의 땅속줄기에서 돋아나는 어린싹을 죽순이라고 해요.
대나무는 꽃을 피우지 않아 씨가 없어요.
그 대신 땅속으로 줄기를 뻗으며 사는 곳을 넓혀요.

음식에 관한 과학 상식

배는 왜 아삭아삭 씹힐까?

배 속에 단단한 돌세포가 있기 때문이에요.

배 속에는 세포들이 엄청나게 많이 있어요. 그중에 세포벽이 두껍고 단단한 세포를 '돌세포'라고 하지요. 열매가 익으면 열매 전체에 이 돌세포가 생겨요.

배가 자라는 과정

1. 꽃이 져요.
2. 꽃이 있던 자리가 부풀어 올라요.
3. 점점 자라요.
4. 아주 커져서 열매가 돼요.

그래서 배를 씹으면 아삭아삭 소리가 나고 까슬까슬하게 느껴지는 거예요.

음식에 관한 과학 상식

음식은 왜 냉장고에 보관할까?

나쁜 세균이 생기는 걸 막기 위해서예요.

음식을 따뜻한 곳에 두면 나쁜 세균이 생겨요.
세균이 늘어나는 것을 막으려고 찬 곳에 보관하지요.

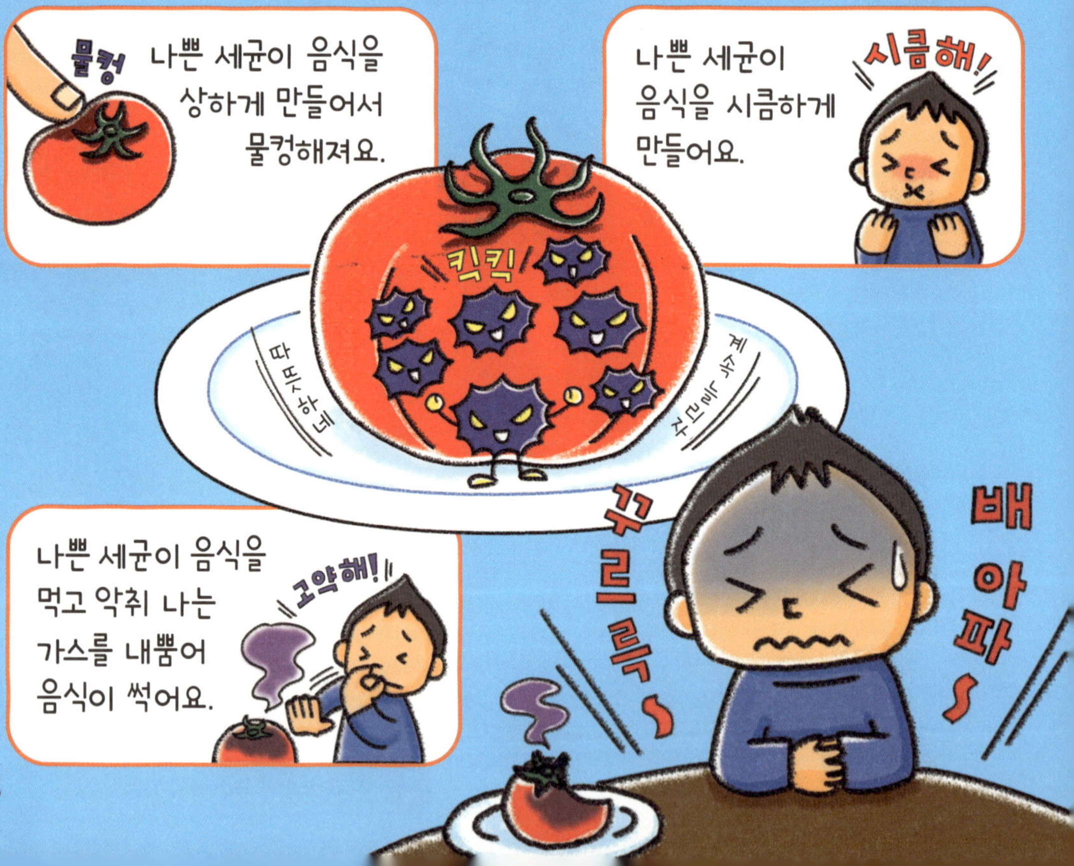

물컹 나쁜 세균이 음식을 상하게 만들어서 물컹해져요.

나쁜 세균이 음식을 시큼하게 만들어요.

나쁜 세균이 음식을 먹고 악취 나는 가스를 내뿜어 음식이 썩어요.

음식을 냉장고에 넣어 두면

맛있어
서늘
먹어도 배가 아프지 않아.
가자!

세균을 만들어 먹는 음식

일부러 음식에 세균이 생기게 하는 것을 '발효시킨다'고 해요. 발효시킨 음식에는 우리 몸에 좋은 세균이 많아서 먹어도 배가 아프지 않지요. 요구르트나 청국장 등이 발효시킨 음식이에요.

요구르트 청국장

음식에 관한 과학 상식

빵이 타면 왜 검게 변할까?

탄소라는 검은색 숯이 남기 때문이에요.

빵의 재료인 밀가루에는 '탄소'라는 물질이 들어 있어요. 밀가루 반죽을 너무 많이 구우면 이 탄소가 남게 되지요. 그래서 빵을 굽다가 태우면 순수하게 탄소로만 이루어진 검은색 숯이 남는 거예요.

1
빵을 태우면 탄소가 아닌 것은 밖으로 달아나요.

탄소

2
탄소만 남아 검게 변해요.

음식에 관한 과학 상식

팬케이크에는 왜 구멍이 있을까?

베이킹파우더의 거품 자국이 남기 때문이에요.

팬케이크를 만드는 가루에는 베이킹파우더가 들어 있어요.
베이킹파우더는 열을 가하면 거품이 생기는데,
이 거품 자국이 구멍이 되는 거예요.
팬케이크에는 구멍이 많아서 폭신폭신해요.

구우면 베이킹파우더가 거품으로 변해요.

1 재료를 섞어요.

2 거품이 많이 생겨요.

음식에 관한 과학 상식

젖소는 얼마나 많은 우유를 만들까?

한 마리에서 2만 4,000~4만 킬로그램이 나와요.

우유갑으로 하루에 30개, 1년이면 만 개 정도 되는 양이야.

초등학교 1학년 어린이 1,000명보다 무거워!

우유를 짜려고 키우는 젖소는 3년 정도 자라면 우유를
짜기 시작하고, 보통 5년에서 6년을 살아요. 젖소 한 마리가
일생 동안 만들어 내는 우유는 대략 2만 4,000~4만
킬로그램이에요. 초등학교 1학년 어린이 1,000~1,700명을
합한 무게지요.

암소만 우유를 짤 수 있어. 대개 새끼가 태어나기 전 두 달 정도는 우유를 짜지 않고 쉬어.

우아!

바글 바글

어딘가에 판다가 숨어 있으니 잘 찾아보세요.

일상생활에 관한 과학 상식

아하, 그렇구나!

일상생활에 관한 과학 상식

공은 왜 통통 튀어 오를까?

공기와 고무가 밀쳐 내는 힘 때문에 튀어 올라요.

공은 보통 고무로 만드는데, 고무는 힘을 받으면 제자리로 돌아가려는 성질이 있어요. 또 공 안에는 공기가 들어 있어서 밖에서 공기를 누르면 밀쳐 내는 힘이 생겨요. 공은 이렇게 공기와 고무가 밀쳐 내는 힘 때문에 통통 튀어 오르는 거예요.

1 공이 벽이나 바닥에 닿아요.

2 공 안의 공기와 고무가 눌리면서 찌그러져요.

3 공기와 고무가 제자리로 돌아가려고 벽이나 바닥을 밀쳐 내면서 튀어 올라요.

점점 낮게 튀어 올라.

일상생활에 관한 과학 상식

친구가 많이 생기면 왜 즐거울까?

여러 가지 일을 함께할 수 있어서 즐거워요.

다른 사람과 이야기를 나누다 보면 내가 몰랐던 새로운 사실을 알게 될 때가 많아요. 잘 모르는 문제를 함께 고민할 수도 있지요. 혼자서는 할 수 없는 운동이나 놀이도 함께 즐기면서 놀 수 있어요. 그래서 친구가 많이 생기면 그만큼 즐거운 일도 많아져요.

일상생활에 관한 과학 상식

비눗방울은 왜 둥근 모양일까?

비눗방울의 물이 서로 끌어당기기 때문이에요.

비눗방울 액은 물과 비누를 섞어서 만들어요.
비눗방울은 비눗방울 액이 얇게 펼쳐져 공기를 감싸 안으며
만들어져요. 이때 비눗방울에 있는 물은 서로 잡아당겨
모양을 가장 작게 만드는데, 그게 바로 둥근 모양이에요.

공기와 닿는 부분을
가장 작게 하려고
물끼리 서로 끌어당겨
둥근 모양이 돼요.

아주 커다란 비눗방울 만들기

준비물: 대야, 설거지용 세제, 다림질 풀, 물, 옷걸이, 컵, 철사

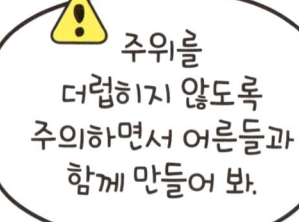

주위를 더럽히지 않도록 주의하면서 어른들과 함께 만들어 봐.

비눗방울을 잘 연구하면 사람이 들어갈 정도로
크게 만들 수 있어요. 한번 도전해 보세요!

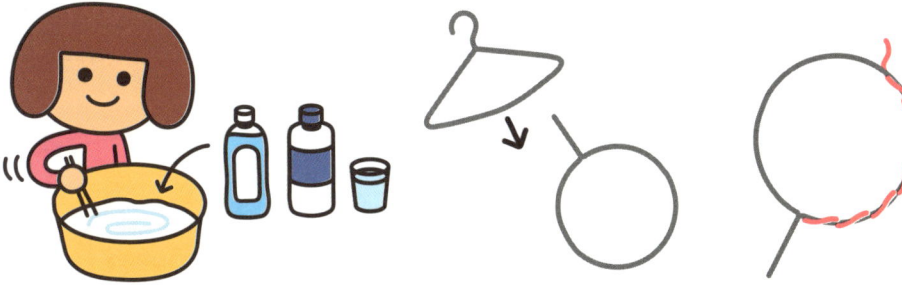

① 대야에 작은 컵으로 세제 1컵, 다림질 풀 4컵, 물 8컵을 넣고 잘 저어서 비눗방울 액을 만들어요.

② 옷걸이를 펴서 그림처럼 둥근 틀을 만들어요.

③ 틀 전체를 철사로 꼬아 가며 둘둘 감아요.

④ 틀을 비눗방울 액에 담근 다음 천천히 들어 올려요.

일상생활에 관한 과학 상식

풍선은 왜 하늘에 두둥실 뜰까?

풍선 안에 공기보다 가벼운 헬륨이 들어 있어서예요.

놀이공원 같은 데서 볼 수 있는 풍선은 안에 헬륨이라는 가스가 들어 있어요. 헬륨은 공기보다 가벼워서 공기 위로 뜨지요. 우리가 입으로 불어 만든 풍선이 뜨지 않는 이유는 이 헬륨 가스가 없기 때문이에요.

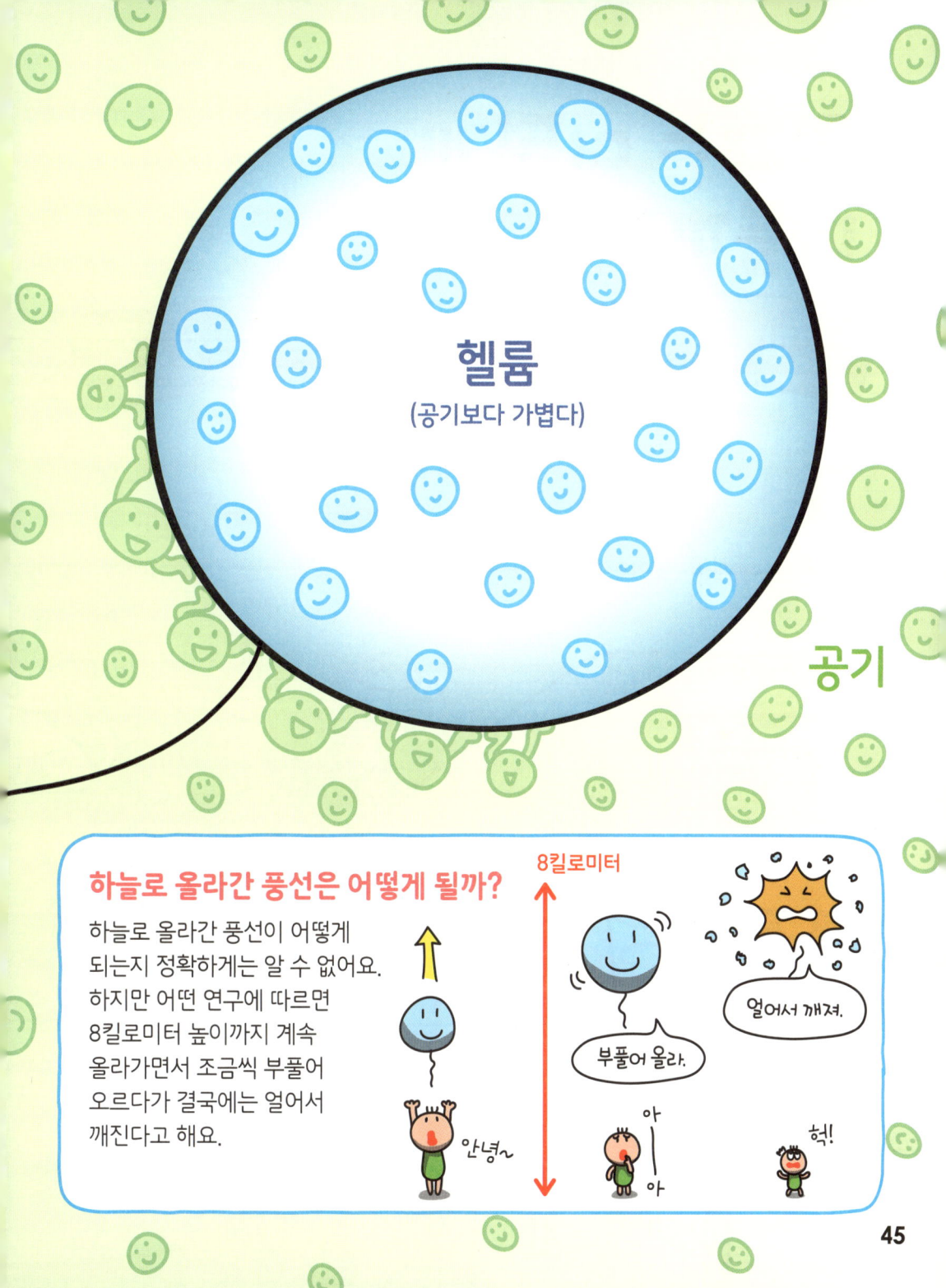

일상생활에 관한 과학 상식

빨래는 어떻게 마를까?

물이 조금씩 공기 중으로 달아나면서 말라요.

물이 데워지면 수증기로 바뀌면서 공기 중으로 달아나요. 이것을 증발이라고 해요. 빨래를 널면 물이 증발하면서 마르는 거예요.

컵에 담긴 물
가만히 놔두면 양이 줄어들어요.

물웅덩이
시간이 지나면 없어져요.

일상생활에 관한 과학 상식

연필로 어떻게 글씨를 쓸까?

흑연이 종이 위에 달라붙으면서 글씨가 써져요.

연필심은 흑연이라는 검은 가루를 점토와 섞어 높은 열에서 구워서 만들어요. 종이는 매끈해 보이지만 자세히 보면 울퉁불퉁해요. 그래서 종이 위에 연필을 그으면 흑연이 깎이면서 종이에 달라붙어요.

이런 원리로 연필로 글씨를 쓰거나 그림을 그릴 수 있어요.

연필

흑연

종이 위에 연필을 그으면 흑연이 깎여 나가 울퉁불퉁한 종이에 달라붙어요.

지우개

지우개똥

종이에 달라붙어 있는 흑연을 지우개로 밀면 흑연이 밀려나며 글씨가 지워져요.

일상생활에 관한 과학 상식

먼지는 왜 쌓이는 걸까?

이불이나 옷은 작은 실 같은 섬유가 모여서 만들어져요. 그래서 이불이나 옷을 털면 이런 섬유가 빠져나와 떠다니다가 방구석 같은 곳에 조금씩 쌓여요. 계속 포개지면 뭉쳐서 먼지가 되는 거예요.

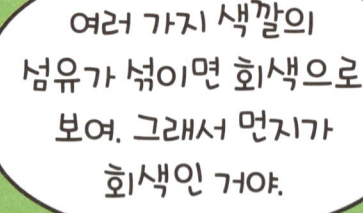

여러 가지 색깔의 섬유가 섞이면 회색으로 보여. 그래서 먼지가 회색인 거야.

일상생활에 관한 과학 상식

스웨터를 벗을 때 왜 탁탁 소리가 날까?

스웨터와 안쪽 옷이 마찰하기 때문이에요.

스웨터와 안에 입은 옷이 서로 비벼지면 정전기가 생겨요. 그래서 스웨터를 벗을 때 탁탁 소리와 함께 찌릿하는 전기가 흐르는 느낌이 드는 거예요.

안에 입은 옷 / 스웨터

공기가 건조할수록 정전기가 잘 생겨.

주변에서 볼 수 있는 정전기

음식을 덮는 비닐 랩이 손이나 그릇에 붙어요.

책받침으로 머리카락을 비비면 머리카락이 책받침에 붙어요.

문의 손잡이를 만지면 갑자기 '탁' 하고 전기가 통해요.

스웨터

안에 입은 옷

탁탁!

찌릿 찌릿

일상생활에 관한 과학 상식

전철은 어떻게 움직일까?

모터가 돌아가면서 그 힘으로 움직여요.

전기를 이용해 전철 아래쪽의 모터를 돌리고, 이 모터의 힘으로 바퀴를 굴려 앞으로 나아가요.

전기는 팬터그래프라는 기계를 이용해 전차선에서 끌어오는 거야.

모터
전철 아래쪽에는 있는 모터가 바퀴를 움직여요.

레일
바퀴가 지나가는 길이에요.

전철은 전기로 움직여.
다른 에너지가 필요 없기 때문에
한 번에 많은 사람을
실어 나를 수 있지.

전차선(가선)
아주 큰 전기가 흐르는
선이에요.

팬터그래프
전차선에서 전기를
끌어오는 장치예요.

바퀴
레일 위를 회전하면서
앞으로 나아가요.

브레이크
전철을 멈추게 하는 장치예요.

동물에 관한 과학 상식

아하, 그렇구나!

동물에 관한 과학 상식

코끼리는 왜 코가 길까?

쉽게 먹고 마실 수 있도록 코가 길어졌어요.

코끼리는 오랜 시간에 걸쳐 몸집이 조금씩 커져서 지금 같은 크기가 되었어요. 그런데 덩치가 너무 크면 바닥에 있는 물이나 먹이를 먹기가 어려워요. 그래서 손처럼 쓸 수 있도록 코가 길어진 거예요.

코끼리의 조상
몸의 높이가 60센티미터 정도로 크기가 작았어요.

물과 먹이를 먹기 쉬워.

만약 코끼리의 코가 짧으면
땅에 얼굴이 닿지 않아 물이나 먹이를 먹기가 어려워요.

물을 마실 수 없어.

동물에 관한 과학 상식

매미는 왜 울까?
울음소리로 암컷을 유혹하기 위해서예요.

! 매미 날개에서 미로 찾기를 해 보세요.

매미는 수컷만 울고 암컷은 울지 않아요.
수컷이 암컷을 유혹하려고 울면, 암컷은 수컷의 울음소리를
듣고 수컷을 선택해요. 큰 소리로 울수록 인기가 많지요.
수컷은 다른 수컷을 쫓아내거나 위험을 느낄 때도 울어요.
매미의 울음소리는 입에서 나는 게 아니라 배에 있는
얇은 막이 떨리면서 나요.

매미가 우는 방법
근육으로 배의 진동막을 움직여 소리를 내는데,
울림 주머니가 소리를 크게 키워 줘요.

매미의 종류와 울음소리

동물에 관한 과학 상식

장수풍뎅이는 왜 힘이 셀까?

튼튼한 다리가 몸을 받쳐 주기 때문이에요.

장수풍뎅이는 몸이 무척 단단하고 튼튼해요. 두껍고 단단한 다리에는 뾰족한 가시가 돋아 있어요.

장수풍뎅이의 몸

뿔
적과 싸울 때 무기가 돼요. 수컷만 뿔이 있어요.

몸
무척 단단한 껍데기로 둘러싸여 있어요.

발톱

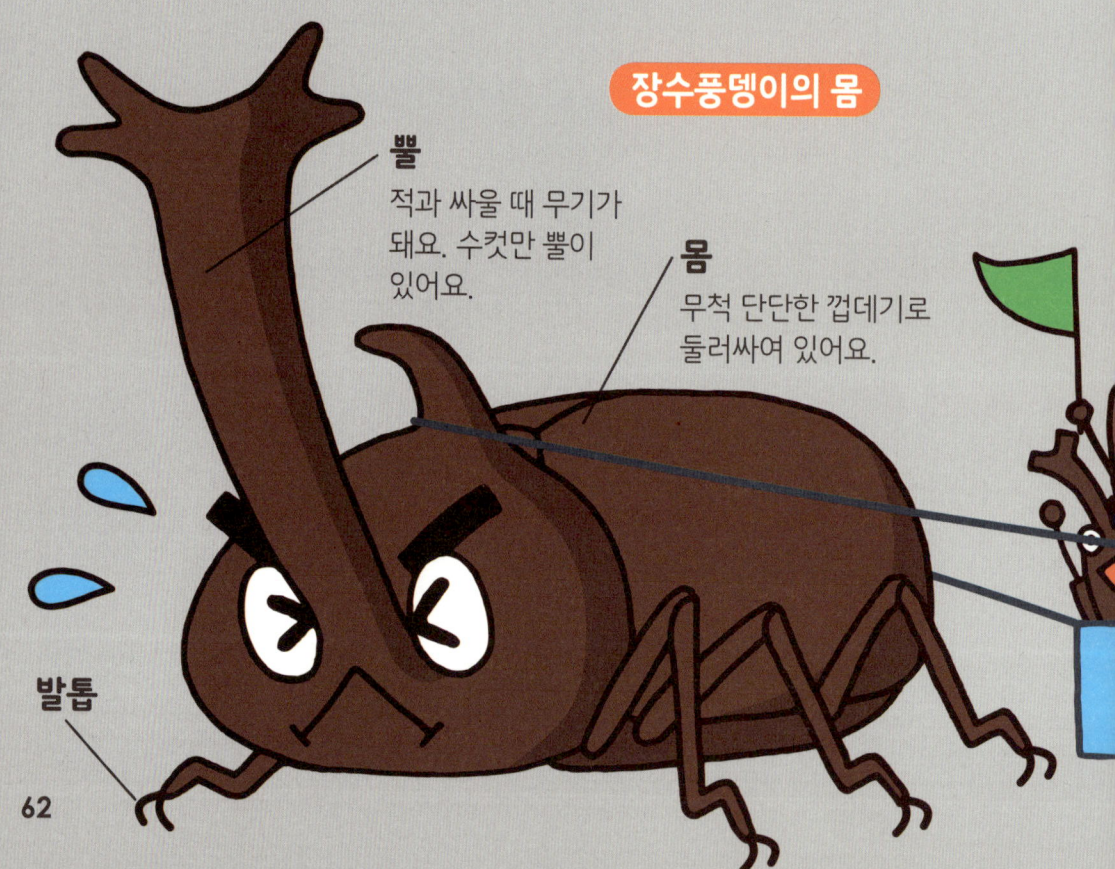

다리와 발톱이 튼튼한 몸을 단단히 떠받치고 있어서 무거운 것을 들어 올리거나 끌어당길 수 있어요.

장수풍뎅이 한 마리가 장수풍뎅이 20마리의 무게를 끌어당길 수 있어.

힘내라!

장수풍뎅이의 전술

적과 싸울 때 뿔을 상대방의 몸 아래에 밀어 넣고 힘껏 들어 올려 공격해요.

1 뿔을 상대방의 몸 아래쪽에 밀어 넣어요.

2 다리와 발톱을 이용해 바닥에 몸을 단단히 붙인 다음 상대의 몸을 들어 올려요.

3 상대를 번쩍 들어 내던져요.

동물에 관한 과학 상식

오리너구리는 왜 신기한 동물일까?

포유류이면서 알을 낳고, 젖을 먹여 키워요.

오리같이 생긴 입

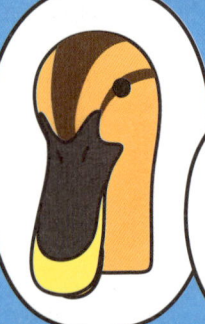

예민한 주둥이로 물속 먹이에서 흘러나오는 전기를 느껴 먹이를 찾아내.

특기는 헤엄치기

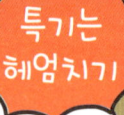

오리처럼 발에 물갈퀴가 있어서 수영을 아주 잘해.

개나 고양이 같은 포유류는 새끼를 낳고 젖을 먹여 키우는 동물이에요. 그런데 오리너구리는 새처럼 알을 낳아요. 부화한 새끼는 포유류처럼 젖을 먹여 키우지요. 오리너구리는 포유류이면서 알을 낳는 신기한 동물이에요.

동물에 관한 과학 상식

개의 몸은 왜 따뜻할까?

사람보다 체온이 더 높기 때문이에요.

개는 사람과 마찬가지로 포유류에 속하는 동물이에요. 포유류는 날씨가 더울 때나 추울 때나 체온이 늘 같아요. 체온은 몸의 온도를 말하는데, 개는 사람보다 체온이 조금 더 높아요. 게다가 온몸을 뒤덮고 있는 털이 체온을 유지시켜 줘요. 그래서 개를 안으면 따뜻하게 느껴지는 거예요.

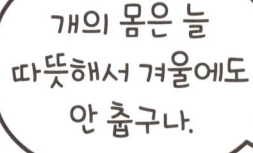
개의 몸은 늘 따뜻해서 겨울에도 안 춥구나.

동물에 관한 과학 상식

지렁이는 땅속에서 어떻게 살까?

썩은 나뭇잎이나 작은 생물 등을 먹으며 살아요.

지렁이는 땅속에서 썩은 나뭇잎이나 눈에 잘 보이지 않는 작은 생물을 먹으며 살아가요. 지렁이의 똥은 나무나 풀의 거름이 되어서 지렁이가 많이 사는 곳에는 나무와 풀이 잘 자라요. 지렁이는 숲 속의 나무나 풀, 밭에서 키우는 농작물에게 아주 소중한 생물이에요.

많이 먹고 많이 싸야지!

동물에 관한 과학 상식

겨울에 잠을 자는 동물은 누굴까?

도마뱀이나 개구리는 겨울이 되어 추워지면 몸이 차가워져서 움직일 수가 없어요. 그래서 땅속에서 따뜻한 봄이 오기를 기다리며 겨울잠을 자요. 다람쥐나 곰도 겨울이 오면 먹을 것이 없어서 겨울잠을 자지요.

달팽이
시속 4~6미터

사람
시속 36킬로미터
가장 빠른 단거리 선수는 100미터를 10초 안에 뛰어요.

말
시속 60~80킬로미터

자동차
시속 60~100킬로미터
자동차가 달리는 보통 속도예요.

동물 중에는 매가 가장 빨라요.

동물은 주로 뛰거나 날아서 먹이를 잡고 적에게서 도망쳐요. 육지에서는 치타가 가장 빨라요. 말은 치타보다는 느리지만 더 오래 달릴 수 있지요. 하늘에서는 매가 가장 빨라요. 먹이를 잡으려고 하강하는 속도가 고속열차보다 빠르대요.

응원하는 동물 중에 열두 띠 동물이 있으니 찾아보세요.

동물에 관한 과학 상식

가장 빠른 동물은 누굴까?

치타
시속 120킬로미터
먹이를 쫓을 때는 자동차보다 빠르지만 쉽게 지쳐요.

매 1등
시속 370킬로미터
매는 이 세상 어떤 새보다 빠른 속도로 먹이를 낚아채요.

프로 야구 선수의 공
시속 150킬로미터

동물에 관한 과학 상식

물고기는 왜 비늘로 덮여 있을까?

비늘은 몸을 보호하는 갑옷 같은 역할을 해요.

비늘은 물고기의 피부가 변한 거예요. 얇고 단단한 작은 조각이지요. 몸의 일부를 덮고 있는데, 적이나 병으로부터 몸을 보호해 줘요. 또 물의 흐름이나 온도를 느끼기도 해요.

물고기의 비늘 모양을 본떠 갑옷을 만들기도 했어.

도화돔
비늘이 거칠고 단단한 편이에요.

비늘이 거의 없는 장어는 몸에서 미끈미끈한 물질을 내보내 몸을 보호해요.

물고기 비늘에서 미로 찾기를 해 보세요.

동물에 관한 과학 상식

아홀로틀은 어떤 생물일까?

새끼 때 모습 그대로 어른이 되는 생물이에요.

아홀로틀은 도롱뇽의 하나로, 멕시코도롱뇽 또는 우파루파라고 해요. 흰색 아홀로틀은 애완용으로 키우는 사람들이 많아요.
개구리는 올챙이 때 물속에서 살다가 어른이 되면 물 밖으로 나와 공기를 마시며 살아요.
하지만 아홀로틀은 새끼 때 모습 그대로 어른이 되어 알을 낳는 신기한 생물이에요.

동물에 관한 과학 상식

해파리는 어떻게 번식할까?

알에서 태어나 몸이 여러 개로 나누어져요.

어른 해파리
뽀끔
어린 해파리
에피라

암컷 해파리가 알을 낳으면 알에서는 '플라눌라'라는 어린 유생이 나와요. 플라눌라는 바닷속을 떠다니다가 바위 같은 곳에 들러붙어 '스트로빌라'가 돼요. 스트로빌라가 자라면 여러 개의 원반 모양이 되어 하나씩 떨어져 나와요. 이것이 '에피라'예요. 에피라가 커서 어른 해파리가 되면 다시 알을 낳을 수 있어요.

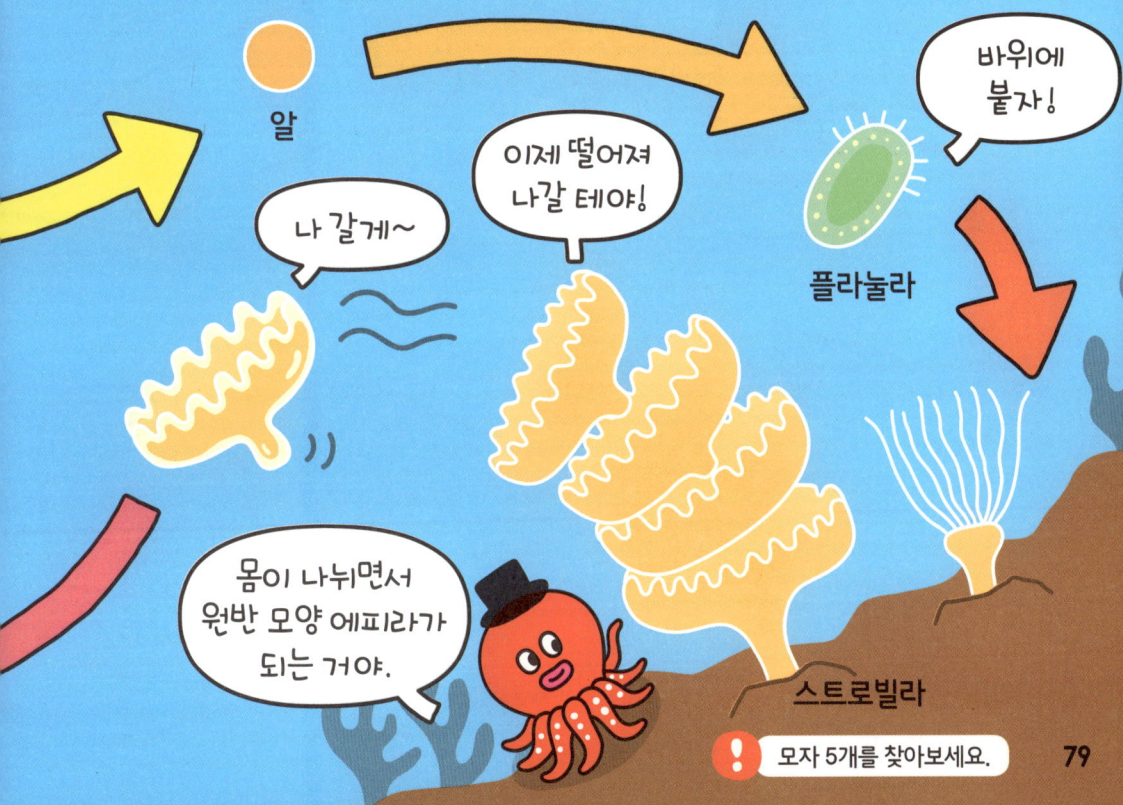

동물에 관한 과학 상식

고래는 무엇을 먹고 살까?

물고기와 오징어, 크릴 같은 생물들을 먹고 살아요.

향유고래
이빨고래의 한 종류로, 몸길이가 12~18미터나 돼요. 아주 깊은 바닷속에서 물고기나 오징어를 잡아먹으며 살아요.

고래는 크게 이빨이 있는 이빨고래와 이빨 대신
입에 솔처럼 생긴 수염이 있는 수염고래로 나누어요.
이빨고래들은 주로 물고기나 오징어를 먹고, 수염고래들은
새우와 비슷하게 생긴 크릴이라는 작은 생물을 먹고 살아요.

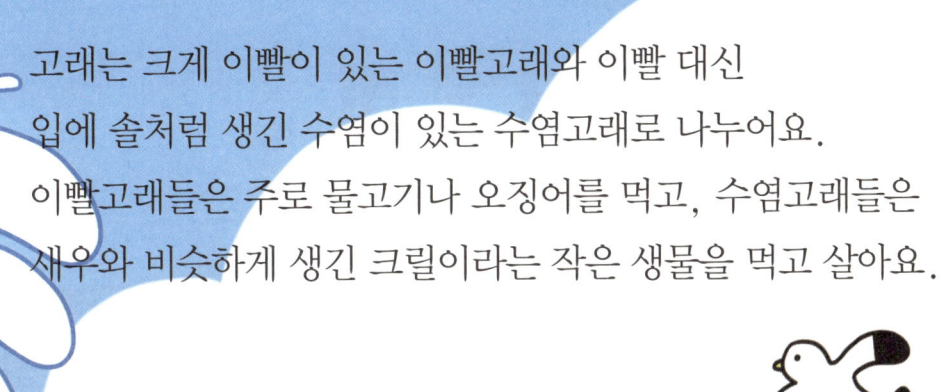

대왕고래
수염고래의 한 종류로, 세상에서 가장 큰
동물이에요. 몸길이가 20~30미터나 되고
하루에 4톤이나 되는 크릴을 먹어 치워요.

오징어

동물에 관한 과학 상식

애벌레는 어떻게 나비가 될까?

몸이 자라면 번데기로 있다가 나비가 돼요.

배추흰나비의 한살이

알
암컷은 애벌레가 좋아하는 양배추 같은 식물 잎에 알을 낳아요.

냠냠!
지금 많이 먹어서 영양분을 저장해 둬야지.

꿈틀 꿈틀

애벌레
양배추 잎을 와작와작 먹으며 몸이 점점 커져요.

풀이나 나뭇잎을 먹고 사는 애벌레는 나비 같은 곤충의 어린 시절 모습이에요. 어른벌레인 나비는 애벌레 때와는 생김새가 전혀 다르지요. 애벌레는 일단 번데기가 된 다음 그 속에서 모양을 바꾸어 나비가 돼요.

번데기

자란 애벌레는 입에서 실을 내어 몸을 고정시켜 번데기가 되어요. 번데기는 먹지도 움직이지도 않아요

번데기 속은 흐물흐물해. 그 속에서 나비 모양으로 조금씩 변신하는 거지.

나비가 될 준비를 하자.

드디어 나비가 됐어. 이제 알을 낳아 볼까?

팔랑 팔랑

나비

번데기에서 몸이 만들어지면 껍질을 찢고 밖으로 나와요.

신기하고 놀라운 애벌레

애벌레 중에는 털에 독이 있는 것도 있으니 조심해야 해.

나뭇가지처럼 보여!

자나방 애벌레
나뭇가지 모양으로 변해 몸을 보호해요. 기어 다니는 모습이 자로 길이를 재는 것처럼 보여서 이런 이름이 붙었어요.

뱀처럼 생겼어!

우단박각시 애벌레
적이 다가오면 몸을 쳐드는데, 이 모습이 마치 뱀처럼 보여요. 위험으로부터 자신을 지키는 거예요.

애벌레 중에는 신기한 것들이 많아요.
특별한 생활을 하는 것도 있지요.

담흑부전나비 애벌레
몸에서 달콤한 단물이 나와요.
개미들은 이 단물을 받아 먹는 대신
먹이를 주고 돌봐 줘요.

호랑나비 애벌레
위협을 받으면 머리에서
지독한 냄새가 나는 뿔이 나와
몸을 지켜요.

노란쐐기나방 애벌레
몸에 가시가 잔뜩 돋아 있어요.
가시에는 독이 있어서 만지면
붓고 몹시 아파요.

동물에 관한 과학 상식

어떤 공룡이 가장 클까?

지금까지는 아르젠티노사우루스로 알려져 있어요.

공룡 화석을 조사하면 크기를 알 수 있어요. 화석에 따르면 세상에서 가장 큰 공룡은 아르젠티노사우루스예요.

45미터

출발!

총 50미터

5층

4층

3층

2층

아르젠티노사우루스
몸길이가 35~45미터고, 머리를 들어 올리면 빌딩 5층까지 닿아요. 무게는 아프리카코끼리 25마리를 합친 것과 비슷해요.

어쩌면 더 큰 공룡의 화석이 발견될지도 몰라.

골인!

 도롱이벌레를 찾아보세요.

동물에 관한 과학 상식

어떤 공룡이 힘이 셌을까?

다른 동물이나 공룡을 잡아먹는 육식 공룡 중에서는 티라노사우루스가 특히 사나웠어요. 식물만 먹는 초식 공룡 중에서는 트리케라톱스가 힘이 셌다고 해요.

트리케라톱스
몸길이는 9미터, 무게는 7톤에 이르렀어요. 적이 위협하면 목을 감싼 골판을 방패처럼 이용해 공격을 막아 내고, 1미터나 되는 긴 뿔을 이용해 싸웠어요.

동물에 관한 과학 상식

타조 알은 얼마나 무거울까?

달걀 20개를 더한 것보다 더 무거워요.

타조는 세상에서 가장 큰 새예요. 키도 사람보다 커서 2미터가 넘고, 몸무게도 150킬로그램이 넘어요.

타조 알
길이는 20센티미터 정도이고,
무게는 최대 2킬로그램이 넘어요.

❗ 타조 알 속에 숨어 있는 타조 3마리를 찾아보세요.

그래서 알도 엄청 크지요. 새의 알 중에서는 세상에서 가장 크다고 알려져 있어요.

달걀
길이는 5~6센티미터 정도, 무게는 50~70그램이에요.

메추리알
길이는 3센티미터 정도, 무게는 10그램 정도 돼요.

벌새 알
벌새는 세상에서 가장 작은 새예요. 몸길이가 6센티미터도 안 돼요. 알의 길이도 6밀리미터 정도지요.

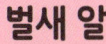

문조 알
길이가 1.5~2센티미터이고, 무게는 2그램 정도예요.

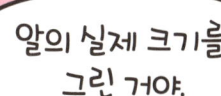

알의 실제 크기를 그린 거야.

식물에 관한 과학 상식

아하, 그렇구나!

식물에 관한 과학 상식

잡초는 왜 계속 자랄까?

흙 속에 씨앗이나 뿌리가 남아 있기 때문이에요.

잡초는 생명력이 무척 강해서 화단의 꽃처럼 쉽게 시들지 않아요. 여러 번 뽑아도 뿌리가 남아 있으면 또다시 자라지요. 그래서 가만히 놔두면 점점 늘어나요.

잡초 씨는 바람에 실려 여기저기로 날아가요.
땅에 떨어지면 뿌리를 내리고 자라기 때문에
점점 넓게 퍼져요.

씨앗을 저 멀리까지 보내야지.

밟혀도 괜찮아.

사람이 5명 있으니 잘 찾아보세요.

95

식물에 관한 과학 상식

꽃은 왜 필까?

씨를 맺어 자손을 남기기 위해서예요.

꽃에는 수술과 암술이 있어요. 수술에서 만들어진 꽃가루가 암술에 닿으면 씨가 만들어져요.
그런데 식물은 스스로 꽃가루를 옮길 수 없어요.

벚꽃
흰색이나 옅은 분홍색 꽃을 피워요. 잎이 돋기 전에 2~3송이씩 모여서 펴요.

닭의장풀
보라색 꽃을 피워요. 아침에 활짝 피었다가 오후가 되면 지고 말아요.

벌이나 나비 같은 곤충은 꿀을 먹으려고 꽃에 앉았다가 꽃가루를 옮겨 주기도 해요. 그래서 꽃들은 화려한 색과 향기, 달콤한 꿀로 곤충을 유혹하지요.

토끼풀
하얗고 작은 꽃이 무더기로 피어요.
클로버라고도 하지요.

거베라
꽃 한 송이에
길쭉한 꽃잎이
수십 장 모여 있어요.

민들레
둥글고 노란 꽃을 피워요.
꽃잎의 밑동 부분이 붙어
있는 통꽃이에요.

보리
꽃잎도 꿀도
없는 보리는 바람이
꽃가루를 옮겨 줘요.

놀라운 꽃의 세계

나는오리난초
꽃 모양이 마치 날고 있는 오리처럼 보여서 이런 이름이 붙었어요.

금어초
금붕어처럼 생긴 귀여운 꽃을 피우지만 꽃이 지고 나면 해골 모양 씨앗이 남아요.

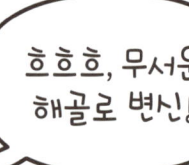

세상에는 깜짝 놀랄 정도로 신기하게 생긴 꽃들이 정말 많아요.

라플레시아
지름이 1미터가 넘는 큰 꽃이에요. 썩은 고기 같은 고약한 냄새를 풍기는데, 이 냄새를 맡고 파리가 모여들어 꽃가루를 옮겨 줘요.

세상에서 가장 큰 꽃

세상에서 가장 키가 큰 꽃

타이탄 아룸
키가 3미터 정도 돼요. 7년에 한 번 꽃을 피우는데, 이틀이 지나면 시들어 버려요.

크다!

식물에 관한 과학 상식

나무는 어떻게 자랄까?

풀처럼 작은 씨앗에서 자라나기 시작해요.

나무는 풀보다 훨씬 크고 단단해요.
하지만 풀과 마찬가지로 작은 씨앗에서 싹을 틔우고 자라요.
풀은 대개 한 해가 지나면 죽고 말지만 나무는 수십,
수백 년 동안 자라요. 그래서 풀보다
훨씬 크고 단단한 거예요.

도토리 종류가 이렇게 많구나!

도토리는 떡갈나무나 졸참나무 같은 참나무과 나무의 열매를 말해요. 우리가 자주 볼 수 있는 타원형의 도토리는 졸참나무나 종가시나무의 열매지요. 도토리의 종류는 훨씬 더 많고 모양도 다양해요.

떡갈나무
끝이 좁고 긴 모양의 열매를 맺어요. 깍정이는 얇은 종이 같아요.

모자처럼 보이는 부분은 '깍정이'라고 해. 열매를 보호하는 역할을 하지.

종가시나무
달걀 모양으로, 깍정이에 줄무늬가 있어요.

졸참나무
열매가 길쭉해요. 깍정이는 작은 편이에요.

상수리나무
동글동글하게 생겼어요. 깍정이는 길쭉한 털에 덮여 있는 것처럼 보여요.

구실잣밤나무
열매를 거의 감싸고 있는 총포가 여러 갈래로 나뉘어 있어요.

밤
밤은 도토리의 친구예요. 뾰족뾰족한 가시가 돋친 겉껍데기인 밤송이가 밤알을 보호하는 모자 역할을 해요.

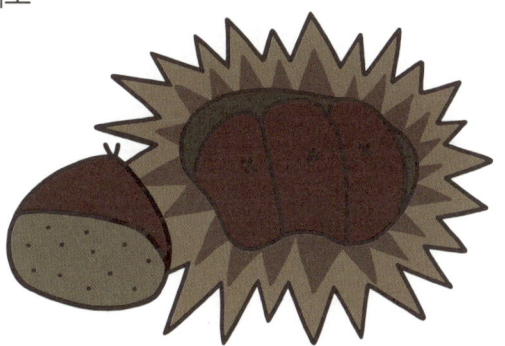

103

식물에 관한 과학 상식

선인장에는 왜 가시가 있을까?

줄기를 먹지 못하게 보호하기 위해서예요.

선인장은 비가 잘 내리지 않는 사막에서 자라기 때문에 물을 저장하는 게 아주 중요해요. 줄기를 두껍게 만들어 그 안에 물과 영양분을 저장하지요.

만약 가시가 없으면 동물들이 줄기를 아주 쉽게 먹고 말 거예요. 그래서 줄기를 보호하려고 오랜 시간에 걸쳐 잎이 가시 모양으로 변한 거예요.

이상하게 생긴 선인장을 찾아보세요.

식물에 관한 과학 상식

꽃은 왜 결국 시들까?

씨를 키우는 데 영양분을 쓰기 때문이에요.

꽃은 화려한 색깔의 꽃잎과 달콤한 꿀로 벌을 유혹해요. 벌이 이 꽃 저 꽃 다니며 수술의 꽃가루를 암술에 옮겨 주면, 영양분을 더 이상 꽃에 쓰지 않고 씨를 키우는 데 사용해요. 그래야 씨가 건강하게 잘 크니까요. 그래서 꽃은 씨가 자라기 시작하면 시들고 마는 거예요.

우리 몸에 관한 과학 상식
아하, 그렇구나!

우리 몸에 관한 과학 상식

이는 왜 새로 날까?

커진 턱의 크기에 맞추기 위해서예요.

어린이는 어른보다 몸이 작기 때문에 턱뼈도 작아요. 작은 턱뼈에 맞춰 이의 크기도 작지요. 하지만 성장하면서 턱뼈도 점점 자라는데, 이가 너무 작고 숫자가 적으면 틈새가 생기겠지요.

어린이의 치아
유치(젖니)라는 치아가 20개 나 있어요.

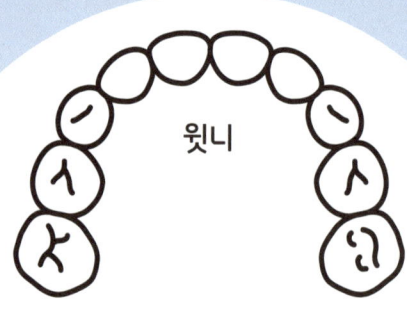
윗니

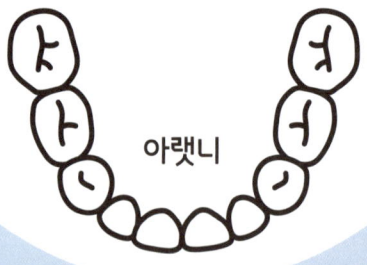
아랫니

그래서 틈새가 생기지 않도록 커진 턱의 크기에 맞춰 큰 이가 다시 나는 거예요.

어른의 치아
영구치라는 치아가 32개 나 있어요.

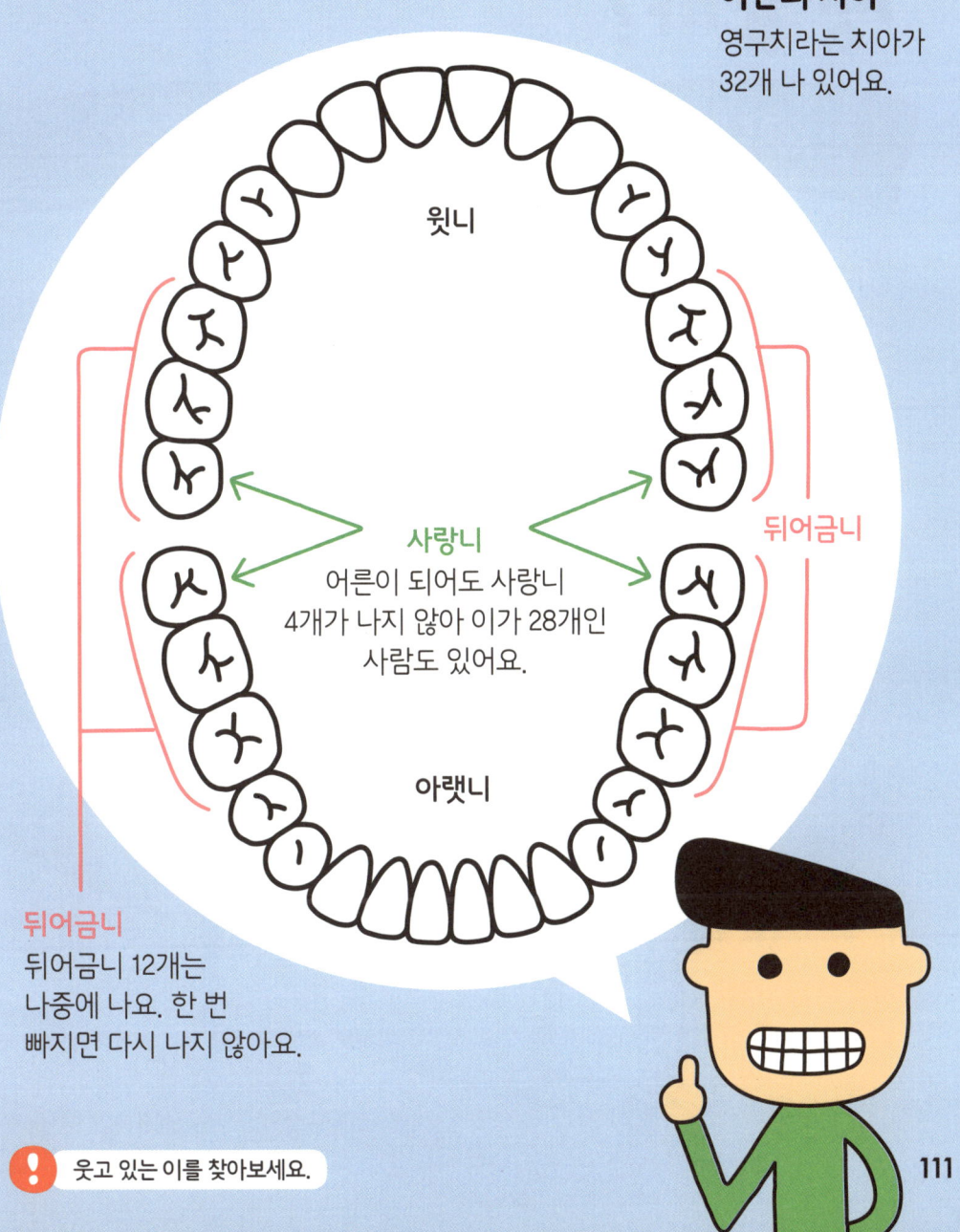

윗니

사랑니
어른이 되어도 사랑니 4개가 나지 않아 이가 28개인 사람도 있어요.

뒤어금니

아랫니

뒤어금니
뒤어금니 12개는 나중에 나요. 한 번 빠지면 다시 나지 않아요.

❗ 웃고 있는 이를 찾아보세요.

우리 몸에 관한 과학 상식

딱지는 왜 생길까?

상처가 난 곳에 뚜껑을 덮어야 하기 때문이에요.

넘어져서 다치면 혈관이 찢어져 피가 나요. 상처가 아물면서 딱지가 생기는데, 딱지는 상처에 난 피를 멈추게 하고 세균이 들어가는 것을 막아 줘요.

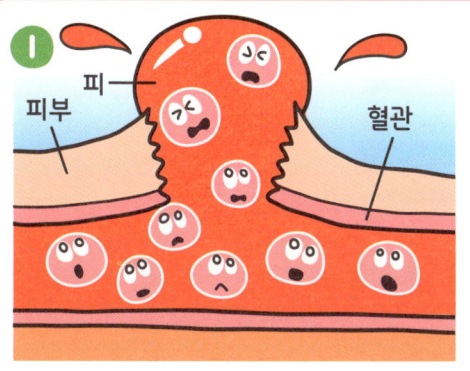
상처가 나면 혈관이 끊어져 피가 나요.

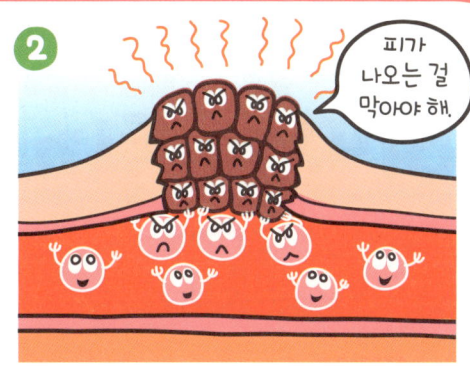
피가 굳어서 딱지가 돼요.

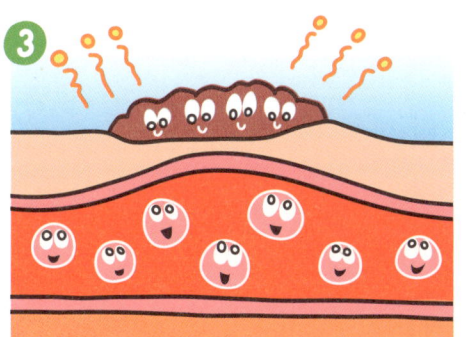
혈관과 피부가 나아요.

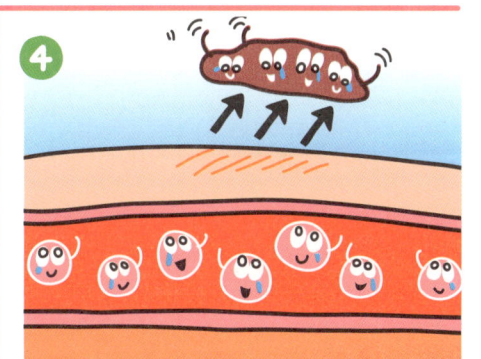
딱지가 떨어져요.

❗ 어떤 운동을 하다가 다쳤을까요?

우리 몸에 관한 과학 상식

채소를 안 먹으면 어떻게 될까?

위나 장이 활발히 움직이지 않아 건강이 나빠져요.

채소는 우리 몸 상태를 조절하고 위나 장이 활발하게 움직일 수 있도록 도와줘요. 그래서 채소를 먹지 않으면 병에 걸리기 쉽고 위나 장이 잘 움직이지 않아 건강에 나쁜 영향을 미쳐요.

소
위를 4개나 가지고 있어서 풀 속에 있는 영양분을 충분히 섭취할 수 있어요.

토끼
물이나 채소 말고도 배설물도 먹어요. 그 안에 남아 있는 영양분을 섭취하지요.

방울벌레
동물의 시체 말고 풀이나 채소 같은 것도 먹어요.

우리 몸에 관한 과학 상식

잠잘 때 왜 코를 골까?

목 안에 있는 관이 좁아져 울리기 때문이에요.

자는 동안 목 안에 있는 관이 좁아질 때가 있어요. 그러면 공기가 목으로 들어가고 나갈 때 좁아진 관을 지나며 공기가 울려서 소리가 나요.

여기가 좁아지면 공기가 통할 때 울리게 돼요.

우리 몸에 관한 과학 상식

똥에서는 왜 고약한 냄새가 날까?

나쁜 냄새가 나는 가스가 같이 나오기 때문이에요.

우리가 먹은 음식은 위와 소장을 지나면서 걸쭉한 상태가 돼요. 영양분은 몸에 흡수되고, 남은 찌꺼기는 대장을 거쳐 몸 밖으로 나오는데, 이게 바로 똥이에요. 대장에는 박테리아라는 작은 미생물들이 많이 살고 있어요. 대장에 남은 찌꺼기를 먹고 냄새나는 가스를 내뿜지요. 박테리아가 내뿜는 가스 때문에 똥에서 나쁜 냄새가 나는 거예요.

우적 우적

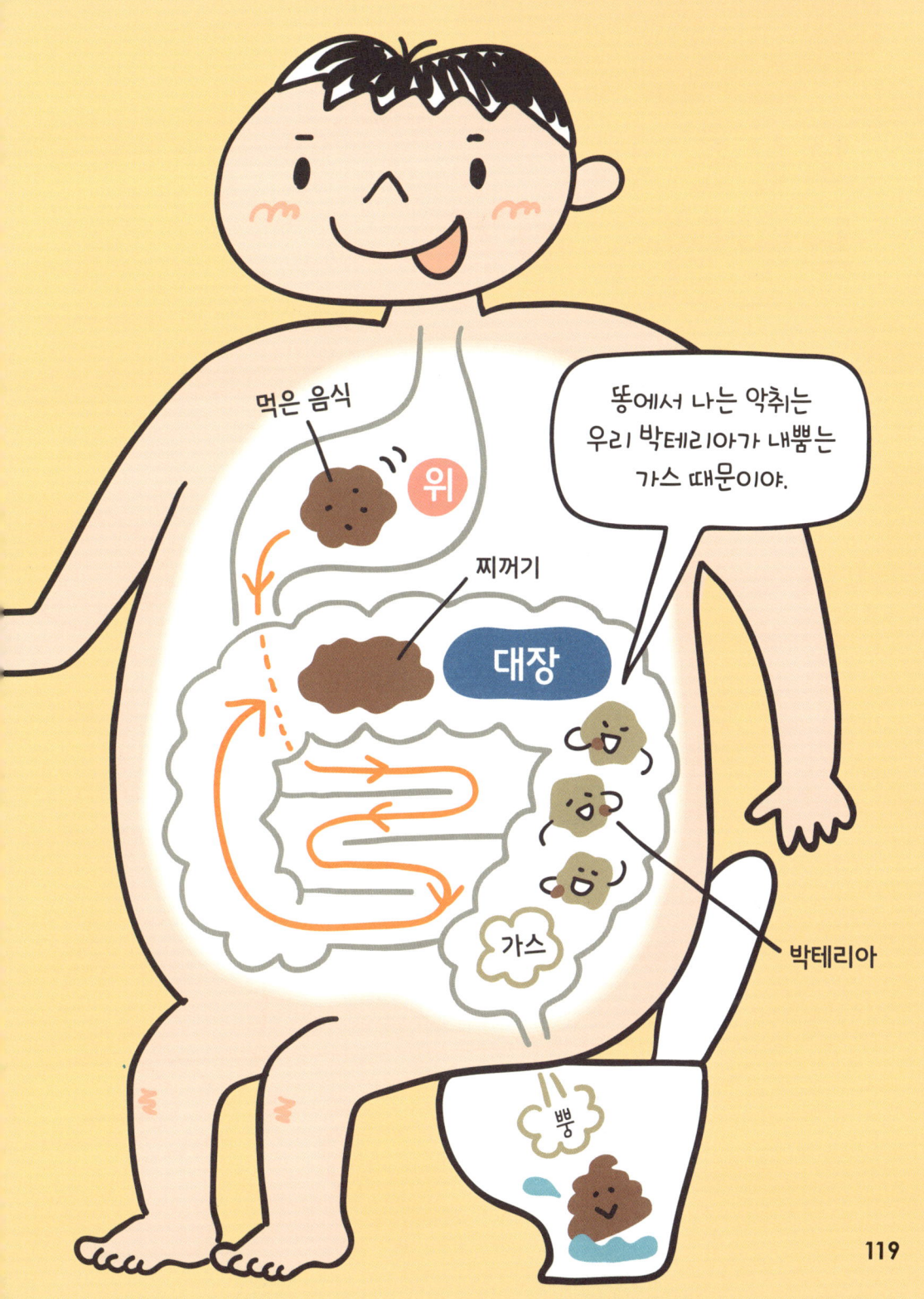

우리 몸에 관한 과학 상식

오줌은 왜 노란색일까?

오줌에 오래된 피가 섞여 있기 때문이에요.

오줌은 콩팥(신장)에서 만들어져요. 피 속에 들어 있는 필요 없는 노폐물과 물이 콩팥에서 걸러져 나온 것이지요.
간에서는 오래된 피를 파괴하는데, 이것이 콩팥에서 오줌에 섞이면 우로크롬이라는 노란색 물질이 돼요. 이 우로크롬 때문에 오줌이 노란색을 띠는 거예요.

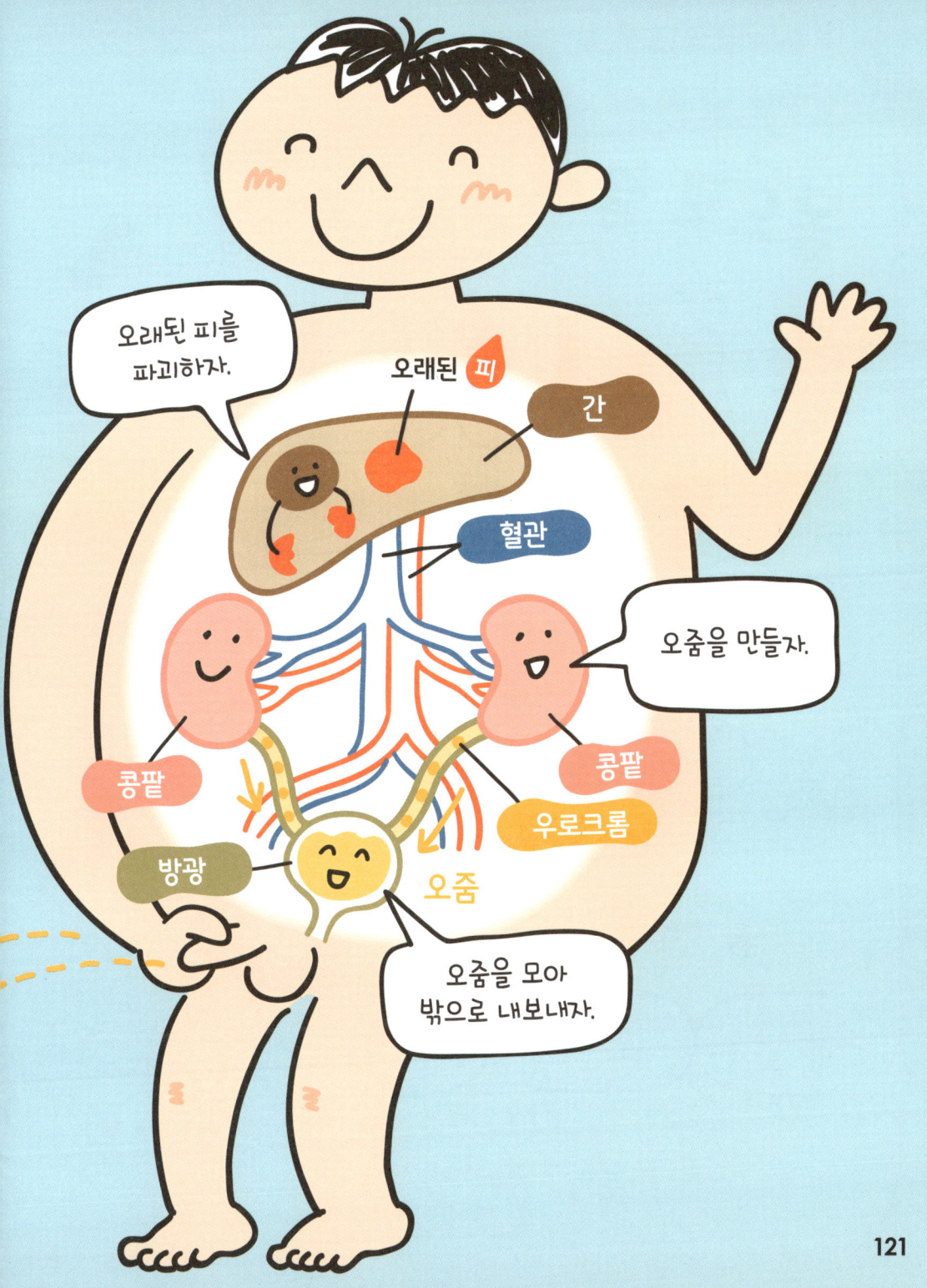

몸으로 놀자!

손가락 비엔나소시지가 나타났다!

눈에 가까이 대고 보세요.

이렇게 보여요!

비밀은 이것!

여기가 비엔나 소시지가 돼요.

왼쪽 눈　오른쪽 눈

 ## 손가락 하나로 일어서지 못하게 만든다!

의자에 깊숙이 앉게 해요. 이마에 손가락을 대면 아무리 일어서려고 해도 일어나지 못해요.

비밀은 이것!

일어나려면 일단 몸을 숙여야 하는데, 손가락을 대면 몸을 앞으로 숙일 수가 없어요.

넷째 손가락이 올라가지 않는다!

가운뎃손가락만 접은 다음 책상 위에 손을 올려놓으면 넷째 손가락만 위로 올라가지 않아요.

비밀은 이것!

가운뎃손가락과 넷째 손가락은 함께 움직이기 때문이에요.

우리 몸에 관한 과학 상식

어떻게 눈으로 볼 수 있을까?

눈으로 들어온 빛을 뇌가 느끼기 때문이에요.

시각은 눈으로 들어온 빛을 느끼는 감각이에요.
물체에서 반사된 빛은 수정체를 통해 눈 안쪽으로 들어와
망막에 머물러요. 망막은 빛의 밝기나 색깔을 시신경으로
보내고, 시신경은 그 신호를 뇌로 전달해요.
신호가 뇌에 도착하면 비로소 사물을 볼 수 있지요.

어떤 운동을 하고 있을까요?

눈이 일으키는 착각

우리는 어떤 것을 잘못 볼 때가 있어요. 이것을 착시라고 해요. 뇌 속에서 벌어지는 착각이지요.

소용돌이일까? 동그라미일까?
소용돌이처럼 보이지만 사실은 동그라미예요.

직선일까? 곡선일까?

아래 선들은 비스듬해 보이지만 평행을 이루고 있어요.

2개의 빨간 선 가운데 부분이 부풀어 있는 것처럼 보이지만 곧게 뻗은 직선이에요.

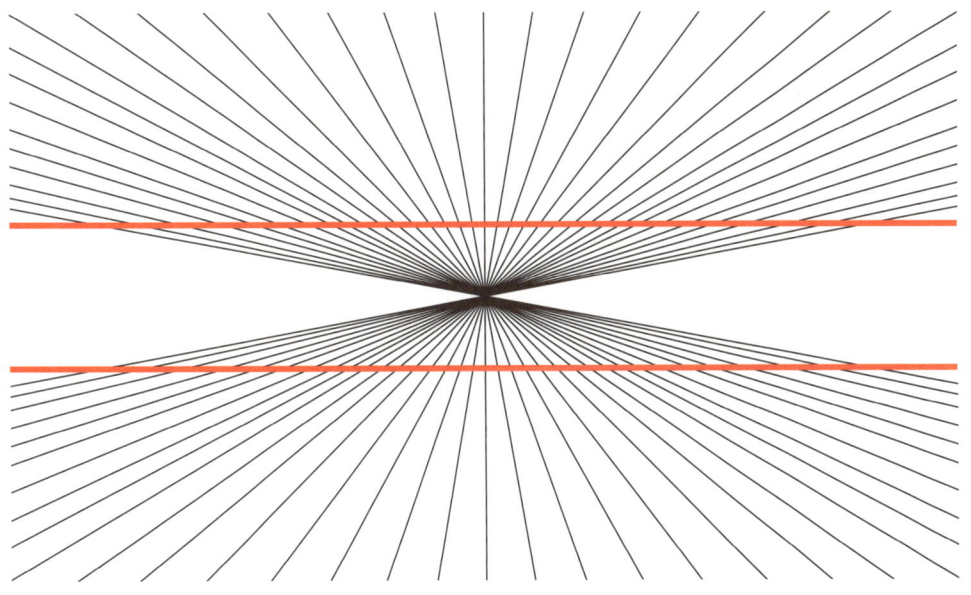

흰색일까? 회색일까?

흰색 선이 만나는 부분이 옅은 회색처럼 보이지만 그냥 흰색이에요.

선들이 만나는 작은 원이 회색처럼 보이지만 그냥 흰색이에요.

길까? 짧을까?
아래 3개의 직선은 길이가 각각 달라 보이지만 모두 같아요. 자로 재 보세요.

클까? 작을까?
가운데 있는 오렌지색 원은 오른쪽이 더 커 보이지만 크기가 같아요.

우리 몸에 관한 과학 상식

밤이 되면 왜 잠이 올까?

밤에 자는 생활을 계속해 왔기 때문이에요.

우리 조상은 먹을 것을 얻고 적으로부터 몸을 보호하기 위해 낮에 주로 활동했어요. 낮은 환해서 주변이 잘 보이니까요. 어두운 밤에는 주로 잠을 잤어요. 오랫동안 이런 환경에 익숙해져서 밤이 되면 잠이 오는 거예요.
또한 밤이 되어 어두워지면 우리 몸에서 멜라토닌이라는 물질이 나와 잠이 잘 오게 해요.

우리 몸에 관한 과학 상식

슬플 때는 왜 눈물이 날까?

뇌가 눈물샘을 자극하기 때문이에요.

우리가 슬픈 것은 뇌가 슬프다고 느끼기 때문이에요. 뇌는 슬픈 감정을 없애고 마음을 안정시키려고 눈물을 흘리라고 명령을 내려요. 그러면 눈물샘에서 눈물이 만들어져 밖으로 나오지요.

눈물이 날 때

슬플 때
기쁠 때
아플 때
매운 양파를 깔 때

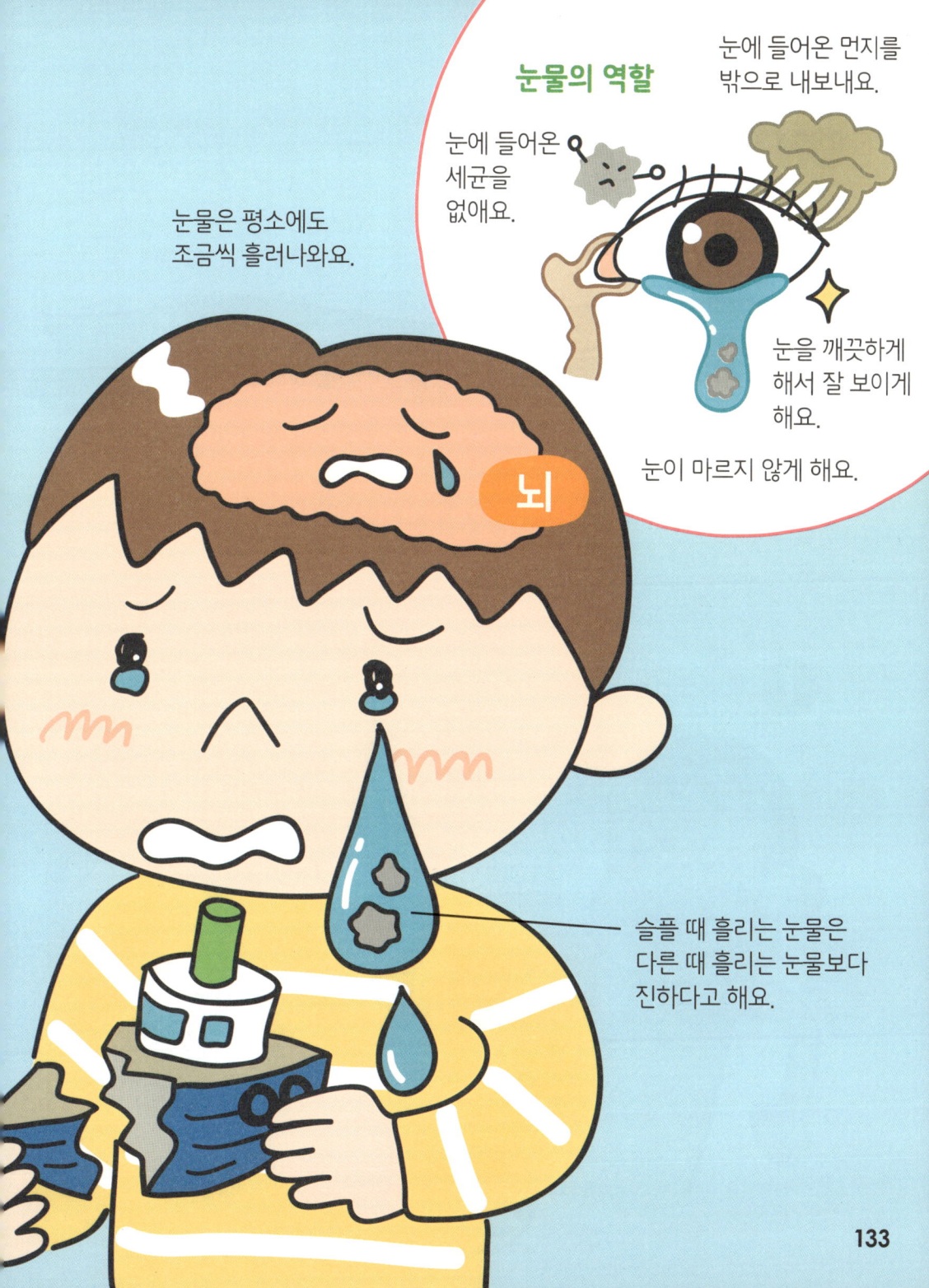

우리 몸에 관한 과학 상식

예방 주사는 왜 맞을까?

병에 걸리지 않으려고 예방 주사를 맞아요.

몸 안에 바이러스나 세균이 들어오면 병에 걸리게 돼요. 그러면 우리 몸은 면역 세포와 항체라는 약을 만들어서 바이러스나 세균을 공격해 물리치지요.

이때 열이 나고 아파요. 그런데 한 번 병에 걸렸다가 나으면 그 병의 바이러스나 세균을 이겨 내는 힘이 생겨요. 그래서 예방 주사를 통해 안전한 형태의 바이러스나 세균을 일부러 몸속에 넣어 이겨 내는 힘을 미리 키우는 거예요. 나중에 다시 이 병에 걸리지 않게 말이에요.

1 예방 주사를 맞은 사람

2 예방 주사를 맞지 않은 사람

걸린 적이 있으니 쉽게 이길 수 있어.

우리 몸에 관한 과학 상식

모기에 물리면 왜 가려울까?

모기의 침이 우리 몸에 들어오기 때문이에요.

모기는 바늘처럼 생긴 뾰족한 입으로 우리 몸을 찔러 피를 빨아 먹어요. 사람의 피는 모기의 영양분이지요.

1

알을 낳으려면 피를 먹어야 해!

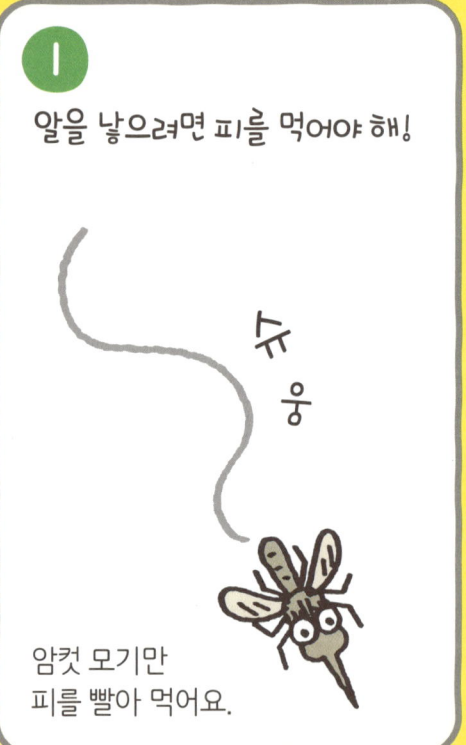

암컷 모기만 피를 빨아 먹어요.

2

잘 먹겠습니다.

하지만 피는 몸 밖으로 나오면 굳는 성질이 있어요.
모기는 피를 빠는 동안 피가 굳지 않게 하려고 우리 몸에
침을 넣어요. 모기 침이 몸에 들어오면 우리는
가려움을 느끼는 거예요.

우리 몸에 관한 과학 상식

어떻게 하면 줄넘기를 잘할까?

정확한 손놀림과 점프 방법을 익히면 돼요.

줄넘기는 양손으로 줄을 돌리면서 그 줄을 뛰어넘는 운동이에요. 그래서 손을 정확하게 움직이는 연습과 손동작에 맞추어 재빨리 점프하는 연습을 많이 하면 줄넘기를 잘할 수 있어요.

줄의 길이
어깨
가슴
손잡이는 어깨와 가슴 중간쯤에 오는 게 좋아요.

뛸 때 주의할 점
몸을 굽히지 않아요.
팔이 아니라 손목의 힘으로 줄을 돌려요.
발뒤꿈치가 바닥에 닿지 않게 발끝으로 뛰어요.

점프 연습

1. 다른 사람에게 손뼉을 쳐 달라고 하고 그 박자에 맞추어 뛰어요.

2. 혼자 점프를 하면서 손뼉을 쳐요.

3. 줄넘기 두 개를 양손에 잡고 줄넘기를 하는 느낌으로 뛰어요.

처음에는 줄넘기 없이 그냥 연습해 봐.

우리 몸에 관한 과학 상식

버릇은 왜 생길까?

같은 행동을 자꾸 반복하면 버릇이 돼요.

같은 행동을 오랫동안 반복하다 보면 자기도 모르게 그 행동이 몸에 배어 버려요. 이것을 버릇이라고 하지요. 버릇은 뇌가 기억하고 있기 때문에 저절로 그런 행동을 하게 되는 거예요.

손톱을 물어뜯는 것처럼 불안하거나 외로워서 하는 행동 또는 좋아하는 사람을 흉내 내는 행동이 버릇으로 이어지기 쉽다고 해요.

우리 몸에 관한 과학 상식

재채기는 왜 날까?

먼지나 세균을 몸 밖으로 내보내기 위해서예요.

우리는 코로 공기를 들이마시고 내쉬면서 숨을 쉬어요. 콧구멍 속에는 수많은 코털이 있어서 공기 속에 있는

에취!

 그림과 똑같이 생긴 먼지를 찾아보세요.

먼지나 세균이 몸속으로 들어오지 못하게 막아 줘요.
먼지나 세균이 코에 들어와 코털이나 콧구멍을 자극하면
뇌는 재채기를 해서 먼지를 밖으로 내보내라는
명령을 내려요.

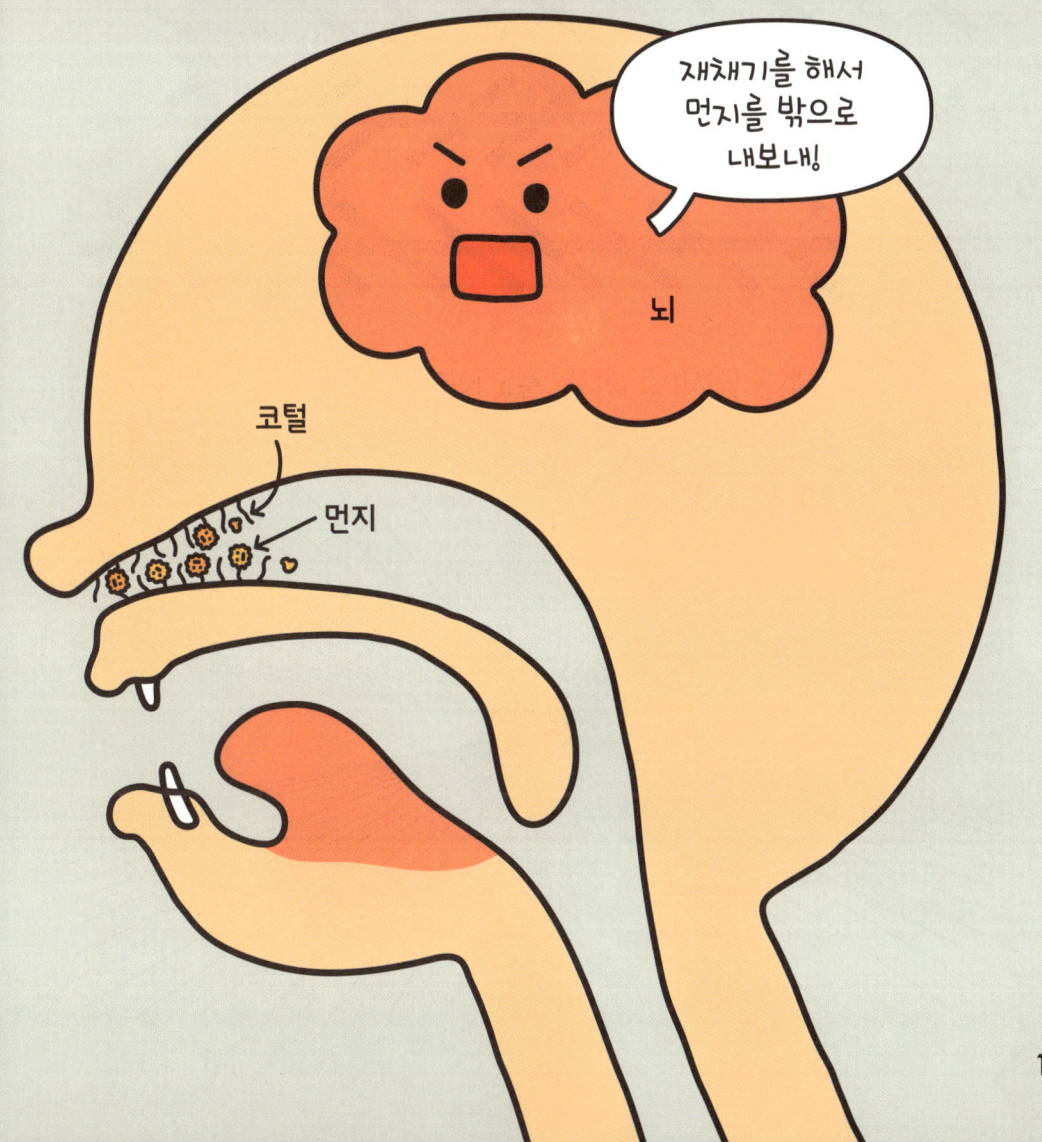

자연에 관한 과학 상식

아하, 그렇구나!

자연에 관한 과학 상식

구름 위에 탈 수 있을까?

작은 물방울들이 모여 있는 거라서 탈 수 없어요.

공기 중에는 눈에 보이지 않는 수증기가 많아요. 이런 수증기가 하늘에서 차가워지면 우리 눈에 보이는 물방울이 되는데, 이게 바로 구름이에요. 멀리서 보면 몽실몽실한 솜처럼 보이지만 작은 물방울들이라서 탈 수는 없어요.

구름 타고 싶다!

자연에 관한 과학 상식

비는 어떻게 내릴까?

구름 속 얼음이 녹아 땅으로 떨어지는 게 비예요.

하늘 위쪽이 추워서 구름 속에 있는 물방울이 얼 때가 있어요. 얼음 알갱이는 주위에 있는 물방울을 모으면서 점점 커지는데 너무 무거워지면 땅으로 떨어져요. 땅으로 떨어지는 도중에 녹으면 비가 되고 녹지 않고 그대로 떨어지면 눈이나 우박이 되지요.

자연에 관한 과학 상식

밤이 되면 왜 캄캄해질까?

지구가 태양 빛을 받지 못하기 때문이에요.

지구는 태양 주위를 돌면서 태양 빛의 영향을 받아요. 그런데 둥근 공 모양으로 생겨서 태양 빛이 반만 닿지요.

태양 빛이 닿는 환한 부분은 낮이 되고, 닿지 않는 어두운 부분은 밤이 되는 거예요. 지구는 팽이처럼 빙글빙글 돌기 때문에 같은 장소에 있으면, 빛이 닿을 때와 닿지 않을 때가 번갈아 가며 돌아와요. 그래서 낮과 밤이 교대로 찾아오지요.

자연에 관한 과학 상식

보석이란 뭘까?

흔하지 않고 아주 아름다운 돌을 보석이라고 해요.

다이아몬드

라피스 라줄리

터키석

아쿠아마린

토파즈

페리도트

말라카이트

비취

아이올라이트

땅속 깊은 곳에서 캐낸 돌을 정밀하게 깎아 내고 광을 내면 반짝이는 보석이 돼요. 보석은 색깔과 모양이 무척 다양하지요. 아름다우면서 희귀한 보석은 귀하게 여겨져서 아주 비싼 값에 팔려요.

문스톤

로즈 쿼츠

플로라이트

자수정

아파타이트

아마조나이트

자연에 관한 과학 상식

별은 정말 별 모양일까?

뾰족뾰족한 모양이 아니라 공 모양이에요.

우주에 떠 있는 별은 둥근 공 모양이에요. 그런데 지구에서 보면, 지구를 둘러싼 공기가 움직이기 때문에 별이 보였다 안 보였다 하면서 반짝이는 것처럼 보여요. 이렇게 반짝반짝 빛나는 모습 때문에 별 모양이라고 생각하는 거예요.

자연에 관한 과학 상식

세계 최고는 어디일까?

세계에서 가장 큰 호수
카스피 해
37만 4,000제곱킬로미터

카스피 해는 한반도 면적의 1.7배 정도로, 어마어마하게 넓어요.

세계에서 가장 높은 산
에베레스트 산
8,848미터

156

우리가 사는 지구는 둘레가 4만 킬로미터나 되는 아주 넓은 곳이에요. 하늘 높이 우뚝 솟은 산, 깊고 넓은 바다 등 지구 곳곳의 자연환경은 저마다 다르지요. 다양한 지구의 모습 중 세계 최고는 어디일까요?

세계에서 가장 더운 곳
데스밸리 (미국)
섭씨 56.7도(1913년)

세계에서 가장 깊은 바다
챌린저 해연
수심 1만 920미터

❗ 바닷속 생물을 찾아보세요.

걸어서 지구를 한 바퀴 돌려면 1년 정도 걸려요.
여행이 끝날 때쯤이면 지쳐 쓰러질지도 몰라요.

자연에 관한 과학 상식

구름은 어떻게 움직일까?

하늘에서 부는 바람과 함께 구름이 움직여요.

구름은 공기 중에 떠 있어요. 그래서 공기가 움직여 바람이 불면 구름도 함께 움직이지요. 우리가 볼 때는 바람이 불지 않는 것처럼 보여도 하늘 위쪽은 바람이 강하게 불 때가 있어요. 그러면 하늘에서 부는 바람에 따라 구름도 같이 움직이는 거예요.

다양한 모양의 구름

바다나 산 등에서는 땅의 상태와 날씨에 따라 여러 가지 구름이 만들어져요.

거대한 모래 폭풍과 함께
모래 폭풍을 탄 거대한 구름이에요. 오스트레일리아에서 생겼던 구름은 폭이 100킬로미터나 되었어요.

구름에 구멍이?
구름을 이루는 물방울이 얼어서 생긴 얼음이 무게를 이기지 못하고 땅에 떨어지면서 그 부분만 뚫려 보이는 현상이에요.

구름이 떨어진다?
물이 흐르듯 산을 타고 내려오다 사라지는 구름이에요. 높은 산에서 가끔 볼 수 있어요.

자연에 관한 과학 상식

암석은 어떻게 만들어질까?

마그마나 모래, 진흙 등이 굳어서 만들어져요.

암석은 크게 세 가지 방법으로 만들어져요.

퇴적암
모래나 진흙, 돌 등이 오랜 세월 동안 육지나 바다, 호수 아래에 층층이 쌓이고 굳어서 만들어져요.

언젠가 바위가 될 거야!

퇴적암에는 아주 오래전 생물의 흔적이 화석으로 남기도 해요.

●을 숫자 순서대로 이어 보세요.

화성암은 마그마가 굳어서 생기고, 퇴적암은 모래나 흙 등이 쌓여서 생겨요. 변성암은 암석이 높은 열이나 압력을 받아 만들어지지요.

변성암
높은 온도와 큰 힘에 눌려 다른 암석으로 변해 만들어져요.

화성암
마그마가 식으면서 만들어져요.

자연에 관한 과학 상식

바다는 어떻게 만들어졌을까?

오랜 옛날에 비가 계속 내려서 바다가 생겼어요.

아주 오래전에 지구는 매우 뜨거웠어요. 하늘은 '염화 수소'라는 유독 가스를 품은 구름으로 뒤덮여 있었지요. 이윽고 큰 비가 계속 내렸고, 물이 고여 바다가 되었어요.

그때 지구에는 생물이 살지 않았어.

염산은 바위를 녹이는데, 바위 속에 있던 나트륨이 빠져나와 염산과 만나면서 소금을 만들었어요. 그래서 짠 바다가 되었지요.

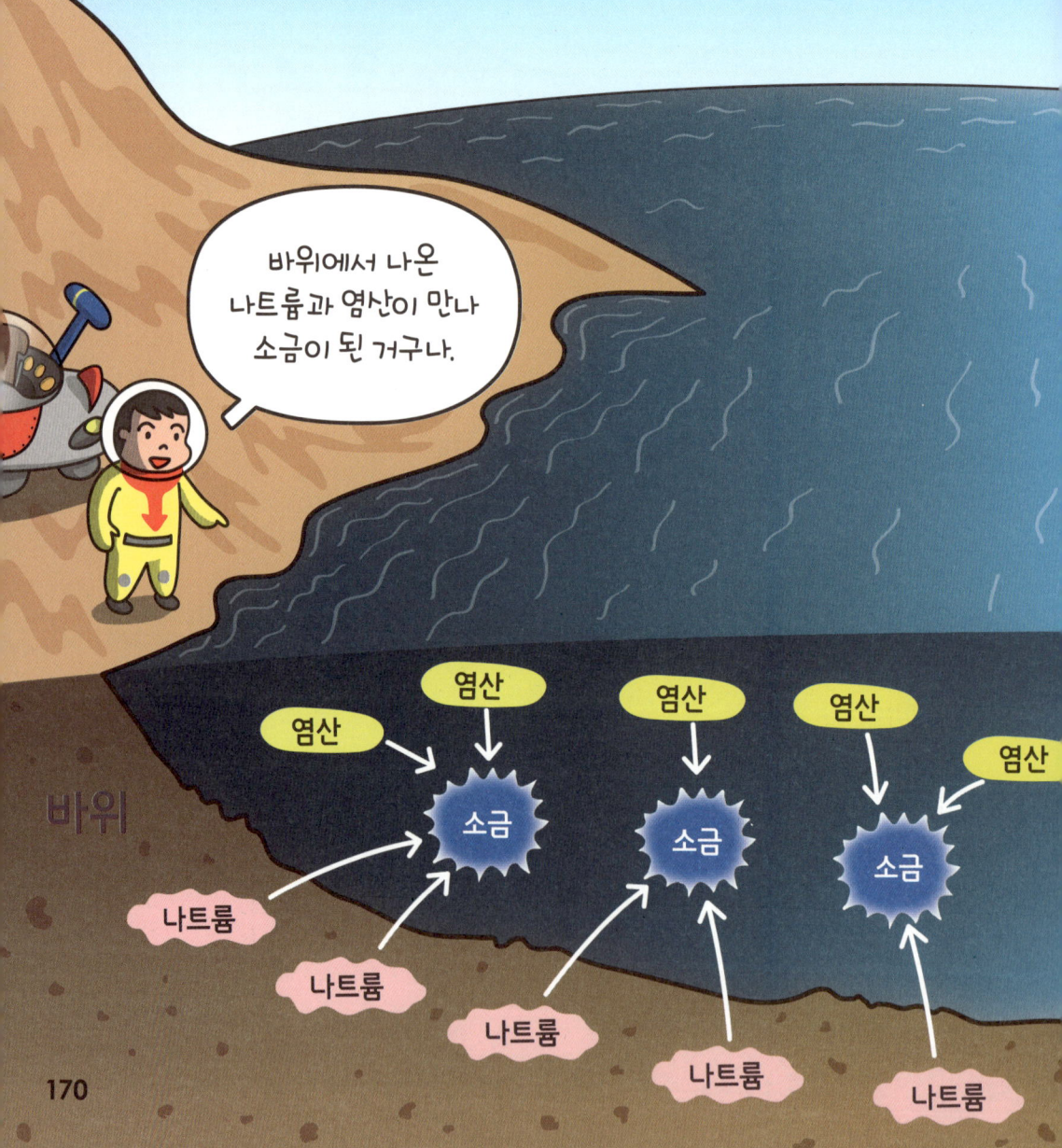

자연에 관한 과학 상식

공기는 왜 안 보일까?

눈에 보이지 않는 물질로 이루어졌기 때문이에요.

공기는 질소와 산소 등으로 이루어져 있어요. 질소와 산소 같은 물질은 색깔이 없어서 우리 눈에 보이지 않아요.

우리는 다 투명해!

있는데 보이지 않는 거야.

부모님께

언젠가 영국 스코틀랜드에서 과학 교육의 일환으로 실시된 초등학교 시범 수업을 견학한 적이 있습니다.

선생님(과학 커뮤니케이터)이 양봉가로, 어떤 때는 거대한 꿀벌로 변신해 아이들을 가르치는 것이 매우 인상적이었습니다. 아이들과 함께 벌 춤을 추는 등 아주 재미있게 수업을 이끄셨지요. 수업에 참가한 학생들은 이제 겨우 5살이나 6살쯤 된 어린 아이들이었습니다. 수업 중에는 벌의 몸 구조와 벌집의 구조, 꿀 제조 방법 등 조금 전문적인 내용이나 용어도 있었는데 아이들은 전혀 어렵다고 생각하지 않고 즐겁게 따라 하고 있었습니다. 아이들은 어른들의 생각보다 훨씬 더 많은 것을 쉽게 받아들이지요.

아이들은 일상생활 속에서 다양한 체험을 하고 많은 것을 배웁니다. 주변에서 벌어지는 현상에 엄청난 호기심을 가지지요. 발달 심리학자인 피아제는 '어린이는 작은 과학자다'라는 말을 했습니다. 부모에게 끊임없이 '왜?'라는 질문을 퍼붓고 눈에 보이는 모든 것을 만지고 싶어 합니다. 한창 호기심이 많은 시기에 아이가 하는 행동은 과학자가 미지의 분야를 탐구하고 개척하는 행위와 비슷합니다. 주변에 있는 것들을 관찰하며 '왜 그

럴까?'라는 의문을 품고 가설을 세우고 확인하고 검증하는 활동이 바로 과학으로 가는 입구인 것이지요.

　호기심의 씨앗을 쑥쑥 자라게 하기 위해서는 '왜?'라는 질문을 받았을 때 아이의 수준에 맞는 설명을 해 주고 아이와 함께 생각하는 태도를 갖는 게 중요합니다.

　의문을 품고, 배우고, 이해하고, 탐구하는 것은 즐거운 일입니다. 그런 경험을 주위 친구들이나 어른들과 함께 자주 나누면서 성장한 아이는 어려운 상황에 부딪쳐도 극복할 수 있습니다. 궁금증을 풀어 가고 해석하는 즐거움은 앞으로 살아갈 긴 인생의 여정을 행복하게 만드는 매우 소중한 자산이 될 것입니다.

감수자 미마 노유리 美馬のゆり (공립하코다테미래대학 교수)

학습과학(인지과학, 학습환경디자인, 정보공학)과 과학 커뮤니케이션을 전공하고 박사 학위를 받았습니다. 공립하코다테미래대학(홋카이도) 및 일본과학미래관(도쿄)의 설립에 참여했으며, 이후 대학 교수와 과학관 부관장(2003년~2006년)을 지냈습니다. NHK 경영위원으로 활동했고, 문부과학성 과학기술정책 및 교육정책, 경제산업성의 제품 안전에 관한 심의위원, 홋카이도과학기술심의회 위원을 지냈습니다. 2014년 문부과학대신 표창 과학기술상을 받았습니다. 저서로는 〈미래의 학습을 디자인한다〉 〈이과적으로 살아라〉 등이 있습니다.

그림으로 이해하는
1학년이 가장 궁금한 과학

2024년 1월 30일 2판 1쇄 발행 | 2025년 7월 15일 2판 4쇄 발행

글 | 야마우치스스무   그림 | 다카이요시카즈 외   감수 | 미마 노유리   옮김 | 정은지
펴낸이 | 나성훈   펴낸곳 | (주)예림당   등록 | 제2013-000041호
주소 | 서울시 성동구 아차산로 153
구매 문의 전화 | 561-9007   팩스 | 562-9007
책 내용 문의 전화 | 566-1004
http://www.yearim.kr

책임 개발 | 박효정 / 서인하   디자인 | 강임희
콘텐츠 제휴 | 문하영   제작 | 신상덕 / 박경식
마케팅 | 임상호 전훈승

ISBN 978-89-302-6887-5 74400
ISBN 978-89-302-6794-6 74400(세트)

*이 도서에는 아모레퍼시픽에서 제공한 아리따글꼴이 적용되어 있습니다.

[Japanese Original Title] 1: 絵でよくわかる　かがくのなぜ1年生
E de Yokuwakaru Kagaku no Naze 1nensei
© 2015 Gakken Education Publishing
First published in Japan 2015 by Gakken Education Publishing Co., Ltd, Tokyo
Korean translation copyright ⓒ 2016 by YeaRimDang Publishing Co., Ltd.
Korean translation rights arranged with Gakken Plus Co., Ltd.

이 책의 한국어판 저작권은 (주)예림당과 Gakken Plus Co., Ltd.사와의 독점 계약으로 (주)예림당에 있습니다.
저작권법에 의해 한국 내에서 보호를 받는 저작물이므로 무단 전재와 복제를 금합니다.

어린이제품 안전특별법에 의한 제품 표시사항

제품명 | 도서   제조자명 | (주)예림당   제조국명 | 대한민국   전화번호 | 02)566-1004
주소 | 서울시 성동구 아차산로 153   제조년월 | 발행일 참조   사용연령 | 8세 이상

주의! 책의 모서리가 날카로우니, 던지거나 떨어뜨려 다치지 않도록 주의하세요.

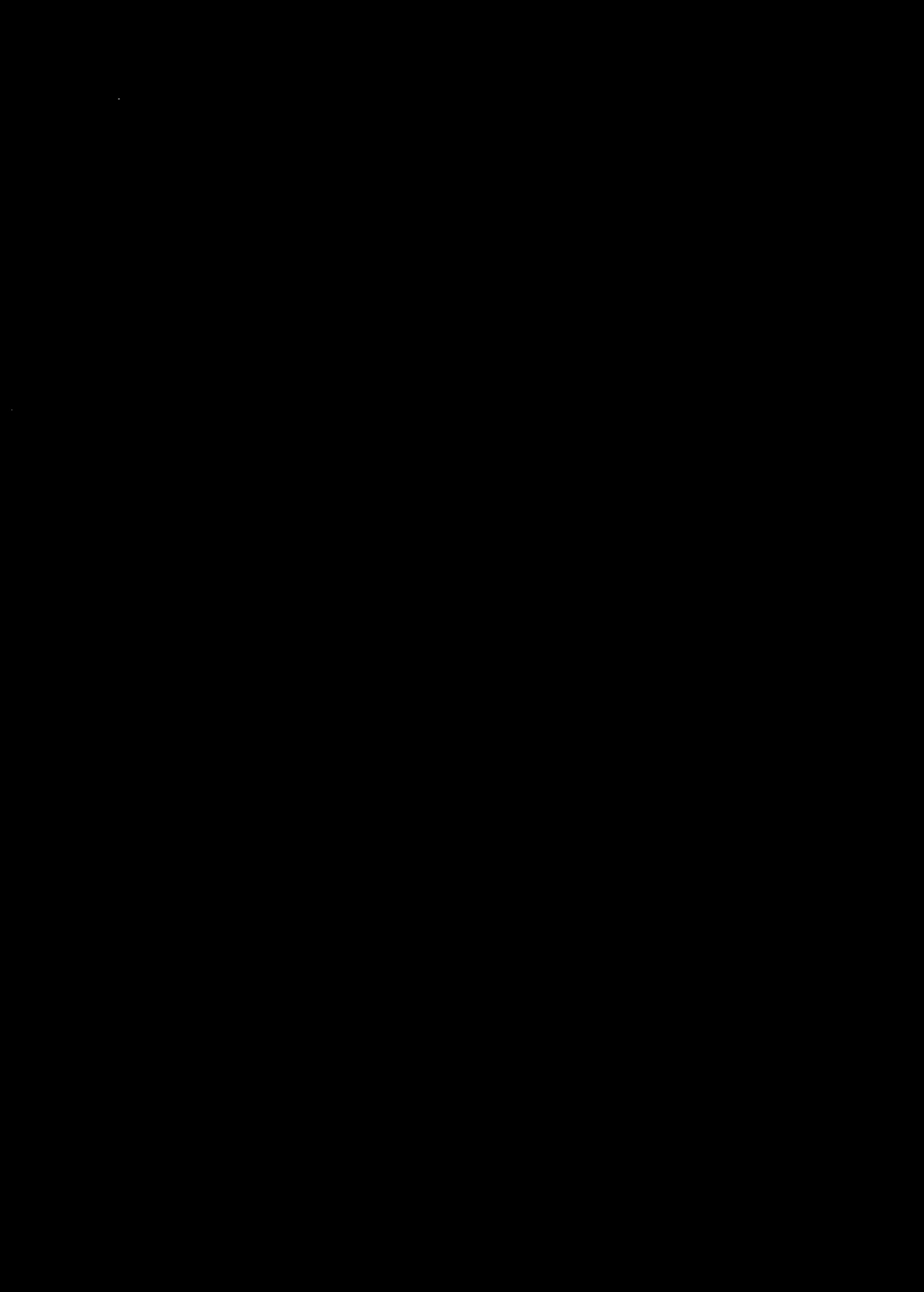

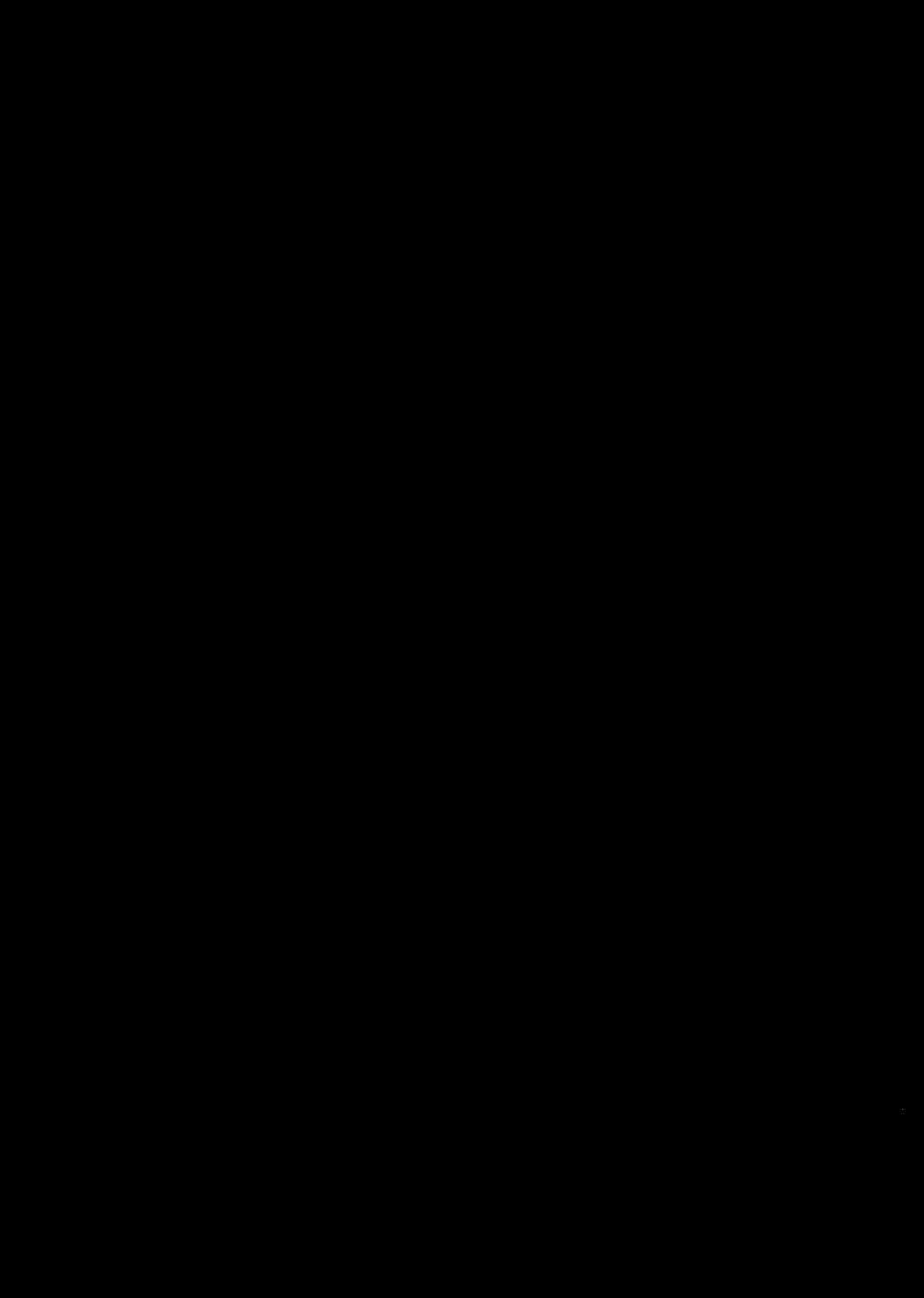

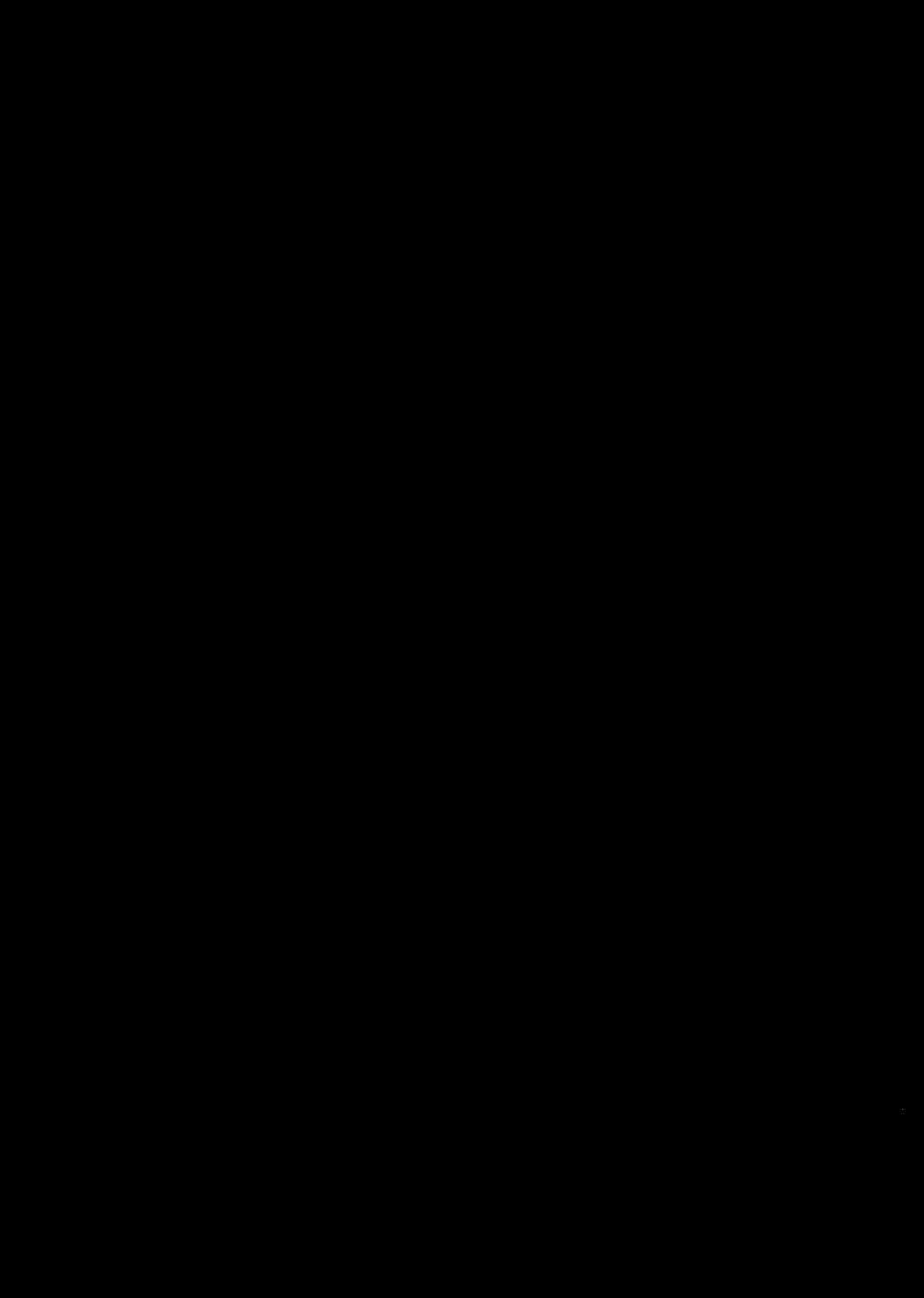